Est-ce que tu m'aimes encore ?

Dr Christophe Fauré

Est-ce que tu m'aimes encore ?

Se reconstruire après l'infidélité

Albin Michel

Introduction

Il est 23 heures. Marc prend une douche. Un sms arrive sur son portable, qu'il a oublié sur sa table de chevet, alors que, depuis quelque temps, il prend soin de ne jamais le laisser traîner.
Sophie est en train de lire sur le lit. Machinalement, elle tourne la tête à l'arrivée du message et aperçoit un nom, « Hélène ». Hélène ? Elle ne connaît pas d'Hélène. Elle hésite un instant, une pointe d'angoisse au ventre, puis fait ce qu'elle n'a jamais fait en quinze ans de mariage : elle lit le sms... et tous ceux qui le précèdent. Une bombe lui explose en plein visage.
Quand Marc revient dans la chambre, il trouve Sophie tétanisée de stupeur et de colère, tremblante, les yeux emplis de larmes. Elle tient son portable entre ses doigts crispés. Il comprend aussitôt.
Elle passe à l'attaque. Au début, il nie farouchement : « Ce n'est pas ce que tu crois. Je vais t'expliquer. » Quatre heures plus tard, épuisé par une conversation d'une terrible intensité, Marc dépose les armes : « Oui, j'ai une liaison avec cette femme. Depuis un an et demi... »

Valérie se pensait heureuse avec Éric : trois beaux enfants, une jolie maison... jusqu'à ce que Paul, un collègue de travail – lui-même marié et père de deux enfants – lui déclare sa flamme : il l'aime depuis le premier jour. Néanmoins, elle résiste : elle aime son mari, en dépit de la routine qui a tué son désir. Mais, devant tant d'empressement et de tendresse de la part de Paul, Valérie se laisse séduire par cet homme et par cette folle promesse d'une autre vie, d'un nouveau départ, ailleurs… Deux ans plus tard, face à une relation conjugale qui se dégrade, Valérie veut divorcer d'Éric : elle aime Paul et veut vivre avec lui. Mais soudain Paul prend peur : il refuse de quitter sa femme et met brusquement un terme à leur relation. Il a trop à perdre, dit-il. Mais il est trop tard pour Valérie : elle a déjà parlé à son mari… Et depuis, sa vie a sombré dans le chaos.

Cette histoire est peut-être la vôtre – ou, du moins, elle y ressemble. Un sms, une maladresse, une confession a fait basculer votre couple dans le territoire aride et angoissant de l'infidélité. Que vous soyez la personne infidèle ou celle qui a été trompée, la découverte ou la révélation d'une relation extraconjugale inaugure une période de trouble et de confusion qui met votre couple en danger. Comment comprendre ce qui se passe en vous et en votre partenaire ? Vers quoi allez-vous l'un et l'autre ? Quelles décisions prendre ? Est-ce la fin de votre relation ? Et comment vous reconstruire si vous prenez cette décision ?… Autant de questions auxquelles ce livre va tenter de répondre, en explorant en profondeur le sens de la relation extraconjugale, en essayant de comprendre ses fondements et comment elle est vécue.

Trouver les mots justes

D'emblée, certains mots font mal ou créent un malaise : « infidélité », « adultère », « relation extraconjugale », « personne trompant », « personne trompée »,

« maîtresse », « amant »... C'est une des difficultés que j'ai rencontrées en écrivant ce livre ; en effet, quels mots utiliser qui ne soient pas porteurs de jugement ou de connotation morale ? Mais il faut bien nommer les choses. Je vous prie de ne pas y voir une intention négative ou discriminante de ma part.

Ce livre s'adresse à la personne trompée aussi bien qu'à la personne infidèle, et il aborde aussi le vécu de la « troisième personne ». Bien entendu, selon qui vous êtes dans cette triangulation, vous ne le lirez pas de la même façon, et vos enjeux, vos attentes, vos blessures ne seront pas de même nature. Néanmoins, qui que vous soyez, mon approche vous permettra d'avoir une vision globale de ce qui se joue dans la relation extraconjugale. C'est une étape essentielle pour vous permettre d'y voir plus clair.

Chaque histoire est unique, chaque relation est singulière, mais la trame de ce qui se passe avant et après l'infidélité est étonnamment similaire d'une situation à l'autre. Il existe des schémas de comportements, des attitudes, des réactions, des motivations et des questions que l'on retrouve de façon quasi systématique, quels que soient les innombrables cas de figure. Il est donc important de les connaître et de les comprendre, afin de se donner une chance de continuer ensemble, si on prend une telle décision.

Quelle infidélité ?

Avant d'aller plus loin, il faut s'entendre sur la définition de l'infidélité. En effet, chacun y va de son interprétation et celle-ci est très fortement colorée par l'histoire personnelle de qui l'énonce : « Un baiser, c'est déjà une infidélité », ou, au contraire : « Tant que ce n'est pas sexuel, ce n'est pas de l'infidélité »... Il est difficile de s'y retrouver et pourtant, une définition claire et univoque nous est nécessaire pour la suite de ce livre. Après maintes recherches, j'ai finalement retenu celle de la psychologue américaine Shirley Glass [1], qui définit l'infidélité par la combinaison, en proportion variable, de trois paramètres. Il existe un secret autour de cette relation ; une implication émotionnelle de la part de la personne infidèle ; une alchimie sexuelle entre les deux personnes (sans qu'il y ait nécessairement de rapports sexuels, ce qui inclut les relations virtuelles via internet). Cette définition a l'avantage de ne pas porter de jugement : elle ne décrit que les faits.

Que vous acceptiez ou non cette idée, qu'elle vous paraisse ou non choquante, toute personne impliquée dans le triangle de l'infidélité est portée par *le désir d'aimer et d'être aimée*. Certes, les voies empruntées pour y parvenir peuvent être extrêmement maladroites ou sources de nombreuses souffrances – l'intention est là, néanmoins. C'est pour cette raison que je me suis interdit tout point de vue moral ou bien-pensant : il ne m'appartient pas de juger de la légitimité du désir d'être heureux.

La littérature anglo-saxonne (surtout américaine) sur l'infidélité regorge de jugements moraux très radicaux vis-à-vis de celui ou de celle qui trompe et de discours très victimisants à propos de celui ou de celle qui est trompé. Ce que vivent les gens est tout autre : il y a des personnes infidèles qui sont des individus sans foi ni loi, tout comme il y en a qui restent sincèrement soucieuses du bonheur de la personne qu'elles trompent ; certaines personnes trompées sont réellement victimes de situations profondément injustes, d'autres négligent tellement leur conjoint ou sont si

1. Pour les références des ouvrages des auteurs cités, voir la bibliographie p. 199.

odieuses avec lui qu'elles contribuent à le rendre infidèle... L'infidélité et tout ce qu'elle véhicule après coup révèlent la fragilité de chacun, son besoin d'être aimé, reconnu, d'exister dans le regard de quelqu'un – que ce soit celui de son (sa) partenaire ou d'une autre personne...

Ce livre ne prendra donc pas parti pour l'un ou pour l'autre, même si parfois vous aurez l'impression que c'est le cas : la personne trompée trouvera que mon attitude est parfois trop compréhensive vis-à-vis de la personne infidèle et cette dernière pourra quant à elle se sentir jugée quand, par exemple, j'aborderai les souffrances occasionnées par son infidélité chez la personne qu'elle aura trompée... La raison à cela : quand je parle du vécu de l'un, je me place toujours de son point de vue. L'autre ne partagera pas ce point de vue : la personne trompée attendra que je condamne l'attitude de son conjoint infidèle et que je comprenne sa souffrance et, de l'autre côté, le conjoint infidèle attendra que je comprenne ses motivations et que j'approuve ce qu'il (elle) a vécu ! Je n'irai ni dans ce sens ni dans l'autre.

Comprenez bien que je souhaite, à travers ce livre, vous donner une vision intime de ce qui se joue en chacun de vous. C'est cette lecture à plusieurs niveaux qui vous permettra de mieux comprendre votre situation présente.

Au-delà de l'infidélité

Un deuxième parti pris caractérise les pages de ce livre : j'ai décidé d'y encourager la reconstruction du couple après l'infidélité. Là encore, ce n'est pas une posture morale ou bien-pensante, simplement le constat que c'est possible en dépit des obstacles qui se dressent sur la route. Bien sûr, des infidélités répétées aboutiront à une rupture définitive, mais ce cas de figure est loin d'être le plus fréquent : il y a un réel espoir de réconciliation et de reconstruction après cette crise majeure au sein du couple. Elle peut même déboucher sur un renouveau de la relation. Certes, cela demande beaucoup d'efforts et un authentique travail intérieur. Mais les multiples témoignages que j'ai recueillis au fil du temps montrent que c'est une promesse qui peut être tenue.

Les quatre chapitres de ce livre suivent une progression chronologique. Le premier adopte le point de vue de la personne infidèle. Il montre comment la relation extraconjugale se met en place. Le deuxième présente le vécu de chaque partenaire après la découverte fortuite ou la révélation de la relation extraconjugale. Des questions essentielles se posent alors : se quitter ? rester ensemble ? Le troisième chapitre explore ce qui se passe dans le couple quand on prend la décision de continuer ensemble : quels sont les obstacles à cette reconstruction ? Comment comprendre ce qui s'est passé ? Le dernier chapitre aborde concrètement les enjeux de la reconstruction : réapprendre à se parler, restaurer la confiance, accorder le pardon, redéfinir le sens que l'on donne à la relation de couple… – autant de pistes qui peuvent ouvrir sur un amour plus solide et plus mature.

Ainsi, que vous soyez la personne qui a été infidèle ou celle qui a été trompée, je souhaite, à travers ce livre, vous aider à comprendre ce que vous êtes en train de vivre. Je souhaite vous donner les moyens de cheminer ensemble et de restaurer la sécurité, la paix et la confiance dont vous avez besoin. Qui sait, alors, si cette épreuve ne constituera pas un formidable tremplin pour magnifier ce lien d'amour que vous croyiez détruit à tout jamais ?

I

FRANCHIR LE PAS DE L'INFIDÉLITÉ

« Je ne m'y attendais pas ! s'étonne Pierre. Je ne comprends même pas comment cela a pu se passer... J'aime ma femme ; nous sommes ensemble depuis dix-sept ans et nous avons deux enfants. Je ne peux pas dire que ce soit l'amour fou comme au début de notre relation, mais nous avons construit quelque chose de solide et il ne me viendrait pas à l'idée de remettre cela en question. Pourtant, quand j'ai rencontré Aurélie, tout a basculé. C'est hallucinant : je n'ai même pas essayé de temporiser. Je me suis littéralement engouffré dans cette relation, sans aucune retenue. Cela fait maintenant dix-neuf mois que nous nous voyons régulièrement. »

« Patrick a commencé à travailler avec moi sur l'audit d'une ONG, explique Lise. Je le connaissais depuis mon arrivée dans l'entreprise mais nous n'avions encore jamais travaillé sur un même dossier. Au début, je ne voyais en lui qu'un charmant collègue avec lequel j'aimais échanger. Je parlais de lui de façon très détendue à mon mari, en lui disant que c'était rare de rencontrer quelqu'un avec qui je me sentais autant en accord professionnellement. J'ai même été choquée quand il m'a demandé si cet homme me plaisait. Je me souviens encore de ma réponse : "Enfin, ce n'est qu'un collègue de travail !" C'est ce que je me répétais tous les jours... mais je sentais grandir un trouble en moi à chacune de nos rencontres. Petit à petit, on a pris l'habitude de se retrouver pour un café avant de commencer la journée et puis, de fil en aiguille... Je ne vous fais pas un dessin... Il est marié lui aussi – mal marié selon lui. Nous sommes amants depuis trois ans. »

« Il y avait une fête chez nos voisins de palier et mon mari était en déplacement à l'étranger, raconte Patricia. Quand Lisa m'a présenté Jérémie, son frère, j'ai ressenti un trou d'air dans l'estomac. La soirée a été très arrosée... Trois heures plus tard, nous étions en train de faire l'amour dans mon appartement. Je ne me suis jamais sentie aussi bien avec un homme... et jamais aussi coupable vis-à-vis de mon mari quand Jérémie est rentré chez lui au petit matin. Cela fait six mois. Je n'ai jamais voulu le revoir. Je n'ai rien dit à mon mari mais je suis toujours submergée de culpabilité. Qu'est-ce qui s'est donc passé dans ma tête ce soir-là ?! »

Au début, c'est « juste » un voisin, « juste » une amie, « juste » une collaboratrice. Progressivement, on se surprend à attendre ce père à la sortie de l'école, on s'étonne du plaisir à retrouver cette collègue à la cafétéria de l'entreprise, on anticipe, sans se l'avouer, les déjeuners avec ce partenaire professionnel... On prend un verre, on discute pendant des heures, les regards se font plus profonds, plus appuyés... Certains, comme Pierre, se trouvent happés par quelque chose qui les dépasse, d'autres se croient protégés par leurs engagements envers leur conjoint : il leur est inconcevable d'aller plus loin. Mais ce qui se passe à l'intérieur d'eux est si nouveau, si attirant, si riche de promesses qu'ils se refusent à laisser passer cette opportunité, même s'ils en perçoivent le danger et la folie.

– Tu sais, je suis marié(e)...
– Oui, je sais...
– Mais je tiens beaucoup à toi...
– Oui, je sais...

Les mains se frôlent, une lueur s'allume dans le regard. Au fil du temps, les pensées vont de plus en plus souvent vers cette personne, même lorsqu'on est en train de regarder la télévision en famille avec les enfants... En dépit du conflit intérieur, qui oppose la force des sentiments et les valeurs auxquelles on tient, on glisse progressivement d'un sentiment platonique vers un sentiment romantique. Au fil des rencontres, on est troublé par une nouvelle façon d'être pris en compte :

> « Cette personne m'écoute. Je suis différent avec elle. Je découvre des aspects de moi que j'avais oubliés ou que je n'avais jamais approchés. Il y a aussi cette excitation... C'est comme un souffle de liberté qui ravive en moi ce que mon couple a éteint. C'est comme une réponse à quelque chose que je ne parvenais pas à me formuler à moi-même. »

Les prémices d'un engagement plus profond

Quand la relation devient sexuelle, un pas majeur est franchi. Même si une partie de soi peut s'étonner : « Je suis réellement en train de faire l'amour avec cette personne ! », l'étreinte interdite produit une telle énergie, un tel dynamisme, une telle excitation que c'est très souvent à ce moment-là que la relation bascule dans une autre dimension.

L'effet est quasi immédiat, au point que l'autre conjoint, parfois, s'étonne ou s'inquiète – à juste titre – de ce sursaut de vitalité : la personne secrètement amoureuse commence à faire attention à sa ligne, fait davantage de sport, désire changer sa garde-robe pour des vêtements plus jeunes, elle semble plus légère, plus insouciante, plus heureuse... Dans certains cas, le renouveau du plaisir sexuel issu de la relation extraconjugale intensifie même, ou ranime, le désir pour son propre conjoint ! S'il (elle) en est ravi(e), il (elle) peut rester perplexe sur le sens de ce regain de flamme. Mais le plus souvent, le fait de franchir le pas de l'acte sexuel désamorce le désir pour le conjoint : la personne infidèle devient plus distante, moins affectueuse, réservant pour l'autre la douceur de ses caresses et l'intensité de ses baisers. Certains affirment même qu'ils ne souhaitent pas tromper leur ami(e) en faisant l'amour avec leur propre partenaire !

> « Plus je m'investissais dans ma relation avec Annabelle, se souvient Hugo, moins je supportais mon épouse. Je devenais complètement imprévisible avec elle : un jour doux et attentif, le lendemain irritable et critique. Comme si je lui en voulais de m'empêcher de vivre mon histoire avec Annabelle. J'étais absent, même avec les enfants, et j'évitais toutes les situations où je devais être trop intime avec elle : je veillais tard devant la télé, en espérant qu'elle soit déjà endormie quand j'irais me coucher. Je la voyais souffrir de mon attitude et je m'en sentais extrêmement coupable... Mais j'avoue que je n'ai rien fait pour la rassurer. »

Quand l'amour s'installe

Parvenu à cette étape de la liaison, le vécu des deux personnes qui s'y trouvent investies est à l'image d'une relation amoureuse dans ces premiers temps : elle revêt toutes les qualités, joies et inquiétudes, de la fusion. Telle est l'injustice faite à la relation conjugale qui, fondée sur l'affection, la construction et l'intimité, mais aussi sur des habitudes, une routine, des déceptions et des compromis, a éteint depuis longtemps les feux de la passion. La relation est devenue autre chose : elle a pris une autre texture, une autre saveur, une autre profondeur, même si, trop souvent, aucun des conjoints n'en a suffisamment conscience pour en jouir pleinement. Ainsi, ce qui est vécu aujourd'hui dans le couple ne fait pas le poids face à l'incroyable intensité de la relation d'amour naissante !

La personne qui commence à être infidèle aime certainement son compagnon ou sa compagne... mais elle n'en est plus amoureuse. Quand on interroge les personnes infidèles sur la nature de leurs sentiments, beaucoup affirment éprouver pour leur conjoint une réelle affection fondée sur tout ce qui a été partagé et bâti ensemble depuis des années, mais elles reconnaissent aussi être terriblement éprises de l'autre, séduites par cette nouveauté, par cette fraîcheur.

Si vous êtes la personne trompée, il peut être douloureux de lire que votre compagnon ou compagne soit tellement transporté de bonheur par une relation dont vous êtes exclu(e). La personne infidèle, quant à elle, refuse souvent de faire coller les mots d'« adultère » ou d'« infidélité » avec ce qu'elle est en train de vivre : à ses yeux, c'est une relation d'une exceptionnelle singularité. Ainsi, à ce point de la relation, la personne infidèle et son conjoint sont émotionnellement aux antipodes l'un de l'autre.

« C'est vraiment autre chose, insiste Armand. Parler d'infidélité à propos de ce que je ressens pour Isabelle est une insulte à la beauté de ce qui se passe entre nous. “Infidélité” est un mot trivial, sordide, à l'opposé de ce que nous vivons. Je ne parviens pas à me sentir coupable de connaître quelque chose d'aussi merveilleux. Je ne fais pas de mal à ma femme, que j'aime et que je respecte, alors je ne vois pas pourquoi je devrais mettre un terme à ma relation avec Isabelle. »

Le témoignage d'Armand reflète ce que la personne infidèle se raconte à elle-même pour justifier à ses yeux la légitimité de sa relation : « Cela me rend heureux. Cela me fait du bien. J'aime la personne que je suis en train de devenir grâce à elle (lui). Je ne peux douter de l'authenticité et de la profondeur de ce que je ressens pour elle (lui). Alors pourquoi y renoncer ? Au nom de quoi ? » Mais aussi : « Je peux m'autoriser cette relation car je ne fais pas de mal à ma compagne. Je me dois à moi-même de la poursuivre pour tout le positif qu'elle m'apporte mais je dois à ma partenaire de la tenir secrète, au nom de l'amour et de l'affection que je lui porte. »

Ainsi, d'un côté on revendique son droit au bonheur, de l'autre on se dit qu'on protège son (sa) partenaire d'une inutile souffrance : « Je ne supporterais pas de le faire souffrir. » Mais ce point n'est pas sans ambivalence : on se dit que, par le silence, on préserve son conjoint, alors que la motivation profonde n'est pas aussi claire ou altruiste ; en réalité, c'est bien sa liaison que l'on souhaite protéger, afin de mieux la poursuivre.

Entre mensonges et culpabilité

Bon nombre de personnes trompées s'insurgent contre ce qui leur apparaît comme de l'hypocrisie : « Il prétend me protéger en maintenant secrète sa liaison ! C'est plutôt de la manipulation ! » Si la relation extraconjugale est un jour découverte, la personne trompée sera immanquablement troublée par la capacité qu'aura eue son conjoint de lui mentir avec autant d'aplomb et de constance. Elle ne comprendra pas comment elle a pu autant se tromper sur lui (elle). Elle aura l'impression de découvrir sa véritable nature. Pourtant, même si tout plaide en faveur de cette vision des choses, il ne s'agit pas toujours d'une duplicité froidement calculée. La vérité est que, très souvent, la situation échappe à tout contrôle, comme l'explique Adrien :

> « Je suis un homme qui a des valeurs et des principes et j'étais certain que je n'y dérogerais jamais. C'est pourquoi la relation que j'ai entamée avec la cousine de ma femme m'a profondément ébranlé. Toutes mes convictions ont volé en éclats. Je me suis retrouvé à mentir à ma femme avec une précision et une conviction qui me déconcertent encore aujourd'hui. Je ne me reconnaissais pas dans cette capacité à mentir aussi facilement et j'avais l'impression non seulement de la trahir elle, mais aussi de me trahir moi-même.
> Quand elle a tout découvert, elle m'a fait le reproche de l'avoir manipulée, or je sais que ce n'était pas le cas. Même si je comprends que c'est impossible pour elle de me croire, je voulais juste protéger cette relation qui me semblait essentielle à l'époque. Je voulais la vivre et, pour cela, j'ai été contraint de mentir. C'est vrai. Mais je sais que je n'ai jamais voulu la manipuler... »

La personne trompée pense : « Il m'a délibérément fait du mal », alors que la personne infidèle se dit : « Je voulais préserver ma relation. » La manipulation renvoie davantage au besoin de protéger la relation extraconjugale que de vouloir instrumentaliser son conjoint. Cela n'excuse rien, évidemment, mais cela éclaire les intentions de la personne infidèle. Cela dit, qu'on le veuille ou non, mentir délibérément à son conjoint abîme la relation et laisse des blessures qu'il faudra panser...

Deux vies en parallèle

Même si l'amour donne des ailes, la personne infidèle fait rapidement l'expérience qu'entretenir une relation secrète demande énormément d'efforts et de vigilance au quotidien. Certains parviennent à compartimenter très efficacement leurs existences, de telle sorte que les deux relations évoluent de façon (presque) indépendante. C'est ainsi que l'on découvre des hommes ayant deux familles séparées avec femme et enfants ! Mais ce cas de figure est rare : il est difficile de mener de front sereinement deux relations, tant au niveau logistique qu'au niveau émotionnel. Ce qui est vécu au début avec une certaine excitation peut devenir pesant ou stressant sur la durée : sécuriser l'accès aux mails et aux sms, ne pas oublier d'effacer l'historique des consultations internet, ne pas laisser traîner les relevés de compte pour cacher des dépenses ou penser à détruire les additions de restaurant où figurent deux couverts, vérifier que ses vêtements ne portent pas l'odeur de l'eau de toilette de l'autre personne, coordonner soigneusement les week-ends, etc. À force de craindre de laisser derrière soi des indices compromettants, le stress est parfois tel que certains ne parviennent à être pleinement dans aucune des deux relations.

Un étrange contrat de loyauté

Même si cela peut sembler improbable aux yeux des personnes trompées, beaucoup d'hommes et de femmes investis dans une relation extraconjugale continuent à donner sincèrement la priorité à leur vie de famille. En effet, il persiste très fréquemment en eux une sorte de contrat de loyauté vis-à-vis de leur conjoint.

Il existe, bien sûr, des exceptions : certaines personnes infidèles font effectivement preuve d'un redoutable machiavélisme et d'une absence totale d'empathie envers leur conjoint. Mais ce n'est pas la majorité. La plupart sont des gens normaux emportés dans des circonstances extraordinaires, hors de l'ordinaire. En dépit de l'infidélité, elles ont le réel souci du bien-être de leur conjoint et de leurs enfants, alors qu'elles se donnent la possibilité de vivre une relation parallèle. Elles veillent à leur assurer confort et sécurité, mais leur cœur est engagé ailleurs. Cette attitude de loyauté et de protection de la famille est souvent un argument de poids que la personne infidèle se donne à elle-même : « Quoi que je puisse vivre ailleurs, j'assume et assumerai toujours mes responsabilités vis-à-vis des miens. » Cela lui permet de faire taire en elle la culpabilité. À ses yeux, cette posture rend possible la coexistence des deux relations.

Le poids de la culpabilité

« Je pars prochainement aux Seychelles avec mon épouse, explique Renaud. Mais je fais de ce voyage un test pour voir si notre relation en vaut encore la peine. Je me sens coupable : elle croit que nous faisons un séjour en amoureux, alors que je suis en train de décider du devenir de notre couple. J'ai une maîtresse depuis un an et je ne sais pas quoi décider. Mon épouse anticipe ces vacances avec joie et insouciance, alors que moi j'ai l'impression d'être totalement déloyal vis-à-vis d'elle, car j'ai un tout autre projet en tête. Je ne m'aime pas du tout dans cette position : c'est à l'opposé de tous mes principes. Ce qui me trouble au plus haut point, c'est de me découvrir comme quelqu'un capable de leurrer avec autant d'efficacité la personne qui me fait le plus confiance. Si un jour elle découvre ma relation avec

Gabrielle, je serai incapable de justifier mon attitude. J'en ai le vertige rien qu'à y penser... »

« Je n'aime pas me l'avouer, concède Arnault, mais je suis bel et bien dans le mensonge vis-à-vis de mon épouse depuis deux ans. Si je me voyais de l'extérieur, je serais sûrement très dur à mon égard. Je me dirais que je m'accommode très bien de mes mensonges et que je suis hypocrite et un peu complaisant quand je parle de ma culpabilité, alors qu'il ne tiendrait qu'à moi d'arrêter tout cela... Mais voilà : je ne le souhaite pas. »

Même s'il est difficile de l'admettre, s'engager dans une relation extraconjugale, c'est inviter le mensonge dans son existence. Ce n'est pas un jugement : c'est un simple constat. Les efforts pour maintenir la relation secrète poussent à de multiples mensonges, du plus anodin (par exemple, répondre au téléphone : « Je suis en train de dîner seul au restaurant » alors qu'on est attablé avec l'autre personne) ou plus grave (par exemple, avoir des rapports non protégés, en taisant à sa compagne qu'on multiplie les aventures sexuelles). Quelle que soit leur nature, les mensonges ont un prix : celui de la culpabilité.

Une enquête portant sur 8 500 personnes montre que « tromper en toute sérénité est plutôt rare. Pour 75 % des personnes sondées, infidélité rime avec culpabilité. C'est un poids qui retentit forcément sur la relation[1] ». Mais pas nécessairement de façon majeure : certains se trouvent submergés de culpabilité, quand d'autres avouent en être relativement exempts.

Bruno se dit comblé par sa relation avec Céline, sa collègue de travail. Il affirme ne pas éprouver de culpabilité à être heureux avec elle · « Il m'est impossible de mettre

1. www.aufeminin.com, 2008.

le mot “culpabilité” sur ce que je ressens pour elle. » En revanche, il se sent coupable quand il parle d’Émilie, son épouse : l’idée qu’il ne lui donne plus aujourd’hui ce qu’il donne à Céline le met mal à l’aise.

Quand la relation extraconjugale est découverte, la plupart des personnes ayant trompé leur conjoint n’arrivent pas à se sentir coupables de ce temps de vie où elles ont été heureuses. En revanche, comme Bruno, beaucoup se sentent coupables de faire du mal à leur conjoint, quand ce dernier découvre l’infidélité. Or ces nuances sont souvent mal comprises par la personne trompée, qui souffre que son conjoint ne se sente pas coupable d’avoir été heureux.

Ce que vit la troisième personne

« Je savais que Richard était marié, raconte Joëlle, une célibataire de 30 ans, mais il se montrait tellement gentil avec moi que j’ai franchi le pas. Je m’étais jusque-là toujours interdit de sortir avec un homme marié. Pourquoi, alors ? Pourquoi lui ? Je ne sais pas. La culpabilité vis-à-vis de son épouse s’est progressivement effacée, au fur et à mesure que notre relation s’intensifiait. J’arrivais à faire totalement abstraction d’elle car ce que je vivais avec Richard était tellement merveilleux que plus rien d’autre n’existait à mes yeux. Cela fait trois ans maintenant. Hormis les moments de solitude qui sont inévitables dans ma situation, cette relation me rend somme toute assez heureuse… même si je sens que j’ai besoin de plus maintenant. J’ai ce fort désir d’enfant et je sais que c’est impossible avec lui. Ça devient un peu compliqué dans ma tête. »

« Je n’existais plus dans les yeux de mon mari et Paul m’a fait à nouveau devenir femme. C’est aussi simple que ça, explique Lætitia, 41 ans, mère de deux enfants. Paul vivait exactement la même chose dans son couple et je crois que c'est sur cette base commune qu'a débuté notre relation. Il se trouve que je connais son épouse par l'intermédiaire d'amis communs et il est hors de question pour moi de lui faire du mal. Je suis tombée très amoureuse de Paul mais cela ne remet pas en question mon propre couple. Je ne souhaite pas détruire ma relation avec mon mari ni faire du mal à mes enfants. La situation, telle qu'elle est, me convient parfaitement. »

Au début de la relation extraconjugale, le vécu des deux amants est similaire. Ils font la troublante expérience de la fusion : les premiers regards, les conversations qui n'en finissent plus, le contraste toujours plus marqué entre ce qui est vécu à la maison et ce qui est vécu ensemble, la découverte de mille et une affinités… et un premier baiser qui fait comprendre qu'il s'agit plus que d'une simple amitié.

« Oui, je sais : cet homme est marié, reconnaît Sandrine. Mais il se dit si malheureux avec sa femme, si mal aimé, si mal compris. Je sais que je lui apporte la douceur et la tendresse qu'il me dit ne plus trouver auprès d'elle. Je n'ai rien contre elle ; je ne lui veux pas de mal. Je ne suis pas ce type de femme qui brise les foyers. Ce qui compte pour moi, c'est la beauté de ce qui se passe entre nous. C'est tout. Cela fait si longtemps qu'un homme ne m'a pas regardée comme il me regarde. Cela fait si longtemps que je suis seule… Avec lui, je me sens revivre, je me sens belle, désirée, désirable. Il a 48 ans, ce n'est plus un gamin : il est totalement responsable de ses actes. Notre relation n'est pas un coup de tête. Alors, au-delà de ses engagements vis-à-vis de sa compagne et au-delà de ma culpabilité et de mes réticences, cet homme me fait du bien et je n'ai pas envie de renoncer à lui. Je l'aime, il m'aime et, à partir de là, tout est possible… »

La puissance du mouvement amoureux a raison de la culpabilité. De plus, le conjoint n'étant pas au courant, l'autre personne n'a pas l'impression de participer à son malheur : pourquoi, alors, s'empêcher de vivre cette relation qui répond à tant d'attentes et apporte tant de plaisirs ?

La culpabilité peut également être maintenue à distance quand la personne infidèle parle très négativement de son mariage : par contraste, la relation extraconjugale est perçue, par l'autre personne, comme quelque chose de bénéfique pour le bien-être de son amant ou de sa maîtresse. En revanche, il est étonnant de constater que la personne infidèle accepte mal que l'autre dévalorise son conjoint, en disant par exemple : « Ta femme est vraiment stupide de ne pas voir combien tu es sensible ! » ou : « Je suis heureuse de t'apporter la tendresse que cette femme est incapable de te manifester. » Cette attitude de dénigrement n'est pas une bonne stratégie car elle majore la culpabilité de la personne infidèle. On l'a déjà souligné : même au cœur de l'infidélité, le contrat de loyauté envers le conjoint reste puissant.

Une position potentiellement insécurisante

En dépit du plaisir et de la plénitude que confère la relation, la situation de la troisième personne n'est pas toujours très facile à vivre. Alors que, comme Sandrine, certains s'en accommodent sans le moindre problème, d'autres en perçoivent rapidement les limites et l'inconfortable pesanteur. Des frustrations sont inhérentes à cette situation, surtout si on est célibataire : il faut accepter d'être la compagne ou le compagnon des jours de semaine, mais jamais celui ou celle des week-ends ou des grandes vacances ; il faut se plier aux exigences d'un emploi du temps sur lequel on n'a aucune prise ; il faut accepter de passer Noël et le Jour de l'an sans lui ou elle ; il faut faire taire en soi bon nombre de projets – un désir de maternité, par exemple…

Souvent, cette personne accepte ces aléas car elle veut croire à une promesse qui reste longtemps implicite, qui n'ose pas se formuler initialement mais prend de plus en plus corps au fil du temps : « Un jour, peut-être, il (elle) quittera son conjoint », « Un jour, peut-être, nous nous retrouverons ensemble, dans la même maison, avec des enfants »… C'est un questionnement qui touche davantage les femmes ; nous y reviendrons.

Si les attentes plus ou moins conscientes de la troisième personne la conduisent à se projeter dans une situation où son amant ou sa maîtresse sera enfin libre de toute attache conjugale, elle peut accuser le coup avec douleur si cet homme ou cette femme lui fait comprendre qu'il (elle) ne quittera jamais son conjoint. Le dilemme est de taille : accepter cet état de fait, en renonçant à toute évolution de la relation et en profitant simplement de l'instant, ou refuser de rester dans une attente toujours frustrée – ce qui peut conduire à la décision de mettre un terme à la relation.

> « Je n'arrive pas à comprendre comment j'ai accepté de l'attendre pendant sept ans, s'étonne encore Delphine. Il m'a fallu tout ce temps pour comprendre qu'il ne quitterait jamais sa femme. Je me considère pourtant comme quelqu'un de raisonnable et d'intelligent. Comment ai-je pu me traiter ainsi ? C'est fou, non ? »

Il n'est pas rare de voir des personnes s'engager en toute conscience dans une relation avec une personne mariée, alors qu'elles aspirent pourtant à une vie de famille, et réaliser, des années plus tard, qu'elles se sont investies « à perte », au moment où leur compagnon (compagne) retourne finalement auprès de son conjoint. Après coup, la sensation de temps perdu peut être bien amère…

Un possible décalage

L'aspiration de la troisième personne à vivre avec son ou sa partenaire n'est cependant pas systématique. On l'a vu : Lætitia ne souhaite pas quitter son mari ; la situation telle qu'elle est lui convient parfaitement. Mais il y a une différence majeure entre Joëlle et Lætitia : l'une est célibataire, sans enfants, l'autre est mariée et mère de deux enfants. Leurs attentes et leurs besoins sont différents : quand les deux partenaires engagés dans une relation extraconjugale sont mariés, ils jouissent déjà d'une assise familiale et relationnelle et, même si elle ne leur convient plus, elle existe. Cette assise confortable incite beaucoup moins à remettre en question la relation de couple : il y a souvent bien trop à perdre.

> « Le fait que Claire soit elle aussi mariée me rassure, d'une certaine façon, explique Antoine. Je ne me sens pas en danger avec elle ; je sais que mon propre couple est en sécurité. De son côté, elle veut absolument préserver ses enfants et elle ne fera rien pour menacer son mariage. Cela me va très bien : je partage le même souhait. Cette configuration protège nos couples respectifs. »

Quand l'autre personne est célibataire, elle a beaucoup plus tendance à espérer que cette rencontre se transforme en une relation officielle. Au fil des mois ou des années, une inquiétude, voire une incompréhension, peut grandir en elle : « Pourquoi reste-t-il avec sa femme, alors qu'il affirme m'aimer ? », « Pourquoi ne décide-t-elle pas de quitter son mari pour vivre avec moi ? Ne se dit-elle pas malheureuse dans son couple ? », « Aime-t-il toujours son épouse, alors qu'il prétend le contraire ? », « Est-ce qu'il me ment à moi aussi ? Est-ce qu'il me manipule, tout comme il la manipule ? »...

Pour certains amants ou maîtresses, leur relation n'a de sens que si elle débouche sur une rupture du couple officiel ; si tel n'est pas le cas, ils passent à autre chose. Pour d'autres, c'est beaucoup moins clair. De forts liens d'attachement se nouent au fil du temps et l'espoir s'installe, même si l'amant ou la maîtresse hésite, déclarant qu'il (elle) veut protéger ses enfants et son conjoint.

Une souffrance plus féminine ?

Ce décalage entre les besoins et les attentes peut rendre l'autre vulnérable face à une relation extraconjugale qui ne pourra jamais répondre à ses espoirs. Force est de constater que cela concerne le plus souvent la femme célibataire qui entretient une relation avec un homme marié. Selon Shirley Glass, « la majorité des femmes célibataires qui s'engagent dans une relation avec un homme marié espèrent que cet homme finira par quitter sa femme pour elles. En contraste, la majorité des hommes célibataires tendent à rejeter toute forme d'engagement et choisissent volontiers des femmes mariées qui n'ont pas l'intention de quitter leurs maris ».

Ce cas de figure où l'un est marié, l'autre pas peut survenir dans un deuxième temps, notamment quand l'un des deux partenaires, initialement marié, quitte son compagnon ou sa compagne avec l'intention de rendre officielle sa relation extraconjugale. La donne relationnelle change, alors, et expose à de possibles déconvenues.

> « J'étais dans une relation avec Alain depuis deux ans, explique Clara, et nous étions tous les deux mariés. Le lien avec mon mari était quasiment inexistant et je trouvais auprès d'Alain tout ce dont j'avais besoin. Un jour,

j'ai décidé de quitter mon mari : j'avais trouvé en Alain l'homme de ma vie et il me semblait absurde de continuer une relation conjugale qui me rendait si malheureuse. J'étais folle de joie quand j'ai annoncé ma décision à Alain : j'allais bientôt être libre et, quand lui aussi aurait divorcé, nous pourrions enfin nous aimer aux yeux de tous ! Sauf que ce n'est pas du tout ce qu'il avait prévu... Du jour au lendemain, il est devenu froid et distant. Alors qu'il me parlait toujours de sa femme de façon très négative, il a commencé à me dire combien elle comptait dans sa vie et combien elle était indispensable à son équilibre. En d'autres termes, il n'avait aucunement l'intention de la quitter. J'étais abasourdie, pourtant j'ai persisté dans ma démarche : j'ai quitté mon mari, en espérant qu'Alain change d'avis et qu'il reconsidère le fait de quitter sa femme pour venir vivre avec moi. Quelle naïveté de ma part : vous savez quoi ? Il m'a quittée le jour même de mon divorce ! »

Ce que vivent les hommes, ce que vivent les femmes

Le vécu de l'infidélité est-il similaire chez l'homme et chez la femme ou radicalement différent ? Certaines idées se sont imposées : pour les hommes, la sexualité n'impliquerait pas forcément les sentiments et une relation extraconjugale ne remettrait pas en cause ceux qu'ils ont pour leur épouse. Les hommes seraient moins fidèles à cause de cette facilité à séparer la sexualité des sentiments. Les femmes, quant à elles, auraient besoin d'aimer et d'être aimées avant d'envisager un rapport sexuel. Pour expliquer ce déséquilibre entre infidélité féminine et infidélité masculine, certains spécialistes mettent en avant la théorie génétique : l'homme serait soumis à la nécessité biologique de disséminer son patrimoine génétique. Il existe également des raisons historiques : pendant des siècles, l'adultère féminin présentait le risque d'une grossesse non désirée. Il y avait donc plus de risques à tromper son conjoint. Aujourd'hui, la contraception a modifié la donne.

Mais ces schémas sont en train de bouger : une enquête menée par Nathalie Bajos et Michel Bozon montre que « l'un des changements majeurs de ces dernières décennies est sans conteste le rapprochement de la sexualité des hommes et des femmes (même si l'écart reste encore important) ». Cette mutation s'explique en partie par l'émancipation financière des femmes. Elles ne sont plus assujetties matériellement à leurs époux, alors qu'autrefois, s'ils les quittaient après une infidélité, elles prenaient le risque de tout perdre et de se retrouver sans ressources. L'autonomisation des femmes les conduirait ainsi à avoir des comportements d'infidélité qui se rapprochent de celui des hommes.

Un autre paramètre entre en jeu : selon Shirley Glass, 46 % des femmes et 62 % des hommes infidèles rencontrent leur amant(e) sur leur lieu de travail. Le milieu professionnel est désormais un lieu privilégié pour les aventures extraconjugales, qui offre de multiples opportunités de rencontres qui n'existaient pas pour les femmes auparavant.

Dire ou ne pas dire ? Telle est la question

Les semaines et les mois passent. La relation s'installe à un rythme qui lui est propre, et d'inévitables questions s'imposent à l'esprit de la personne infidèle :

« Où est-ce que je vais ? » Certains se la posent sereinement, d'autres avec anxiété.

Tenter de légitimer la relation

Les assauts de la culpabilité sont parfois tellement intenses que la personne infidèle est obligée de la contourner, de la minimiser ou de la nier. Comme le souligne Maryse Vaillant, « quand le désir va à l'encontre de notre moi social et moral, nous sommes dans l'obligation, sous peine d'explosion psychique, de rationaliser, de trouver des explications ». Ainsi, les justifications que la personne infidèle parvient à se donner rendent possibles la relation. Elle y trouve une légitimité. Comme nous l'avons déjà vu, elle se dit : « Cette relation me rend heureuse », « Je fais extrêmement attention à ne pas blesser ma partenaire, donc elle ne souffre pas à cause du plaisir que je trouve ailleurs », « Je m'épanouis dans cette relation et je mérite cela ; c'est important pour moi », « C'est une relation d'exception qui dépasse largement le stade du simple adultère », « Je préserve le respect que je dois à mon épouse, en n'exposant pas cette relation aux yeux de tous et en m'interdisant de fréquenter les lieux qui sont chers à ses yeux », etc.

Selon l'enquête déjà mentionnée[1], deux types de stratégies permettent de composer avec la culpabilité :

1. On redouble de gentillesse et d'attention à l'égard de son conjoint. Ce comportement jette un nuage de fumée et brouille les pistes.
2. On s'éloigne de son conjoint car on se sent trop coupable d'entretenir avec lui (elle) une intimité qui souligne le fait qu'on le (la) trompe.

Une autre façon de faire avec sa culpabilité et le

1. www.aufeminin.com, 2008.

tourment qu'elle entraîne consiste à révéler la relation extraconjugale à son (sa) partenaire. C'est une manière très radicale de faire face à la culpabilité. Mais est-ce la voix de la sagesse ?

Selon Mira Kirshenbaum, dans certaines circonstances il est impossible de garder le silence :

• Quand, à l'issue de rapports non protégés, on s'est exposé au risque d'une maladie sexuellement transmissible comme le sida, l'hépatite C, la syphilis – ou, pire, qu'on l'a déjà contractée. Le silence conduirait à de graves conséquences : la révélation est indispensable.

• Quand la situation devient inextricable. Par exemple, un homme, marié, père de deux enfants, fait un enfant à sa maîtresse et celle-ci souhaite le garder. Déchiré entre ses deux familles, l'homme peut décider de tout révéler à son épouse, afin d'assumer une place de père auprès de l'enfant à naître.

• Quand la découverte de la relation secrète est imminente. L'expérience montre qu'il est toujours préférable de révéler la relation extraconjugale, plutôt que de laisser passivement les événements décider pour soi. Quand on parle en premier à son (sa) partenaire, l'impact est moins traumatique que lorsque la relation est révélée par un tiers. C'est le cas par exemple quand, furieuse ou blessée, la troisième personne éconduite menace de tout révéler : il devient urgent, pour la personne infidèle, de prendre les devants, afin de rester maître de l'information. Certains se voient même contraints de dire plus qu'ils n'en avaient l'intention, afin de désamorcer les bombes que l'autre personne s'apprête à lâcher. Selon Mira Kirshenbaum, cette démarche d'aveux volontaires peut paradoxalement servir de base pour reconstruire la confiance après coup. On peut en effet imaginer un effet fédérateur au sein du couple, face à une personne déterminée à le détruire.

À l'inverse, il y a une situation où le silence s'impose : quand la révélation de la relation à un(e) partenaire violent(e) risque de mettre physiquement en danger la personne qui s'ouvre à lui (elle). La personne infidèle doit assurer ses arrières au cas où sa relation serait découverte.

Les motivations à parler

Alors, quelle est l'attitude la plus juste ? Avant toute chose, il est nécessaire de s'interroger sur les raisons qui poussent à parler, en examinant ses véritables motivations. L'une est évidente : on a pris la décision de quitter son (sa) partenaire, le couple ne fonctionne plus et on a perdu tout espoir ; il devient inutile de garder le secret sur la relation extraconjugale, on met cartes sur table.

En revanche, les choses sont beaucoup moins claires quand on ne souhaite pas mettre un terme à sa relation de couple. Quelles sont alors les raisons qui poussent à la révélation ?

« Je souhaite en finir avec le mensonge. Je me sens trop coupable vis-à-vis de mon épouse. Je suis littéralement torturé intérieurement. Cela va me soulager, en m'enlevant ce poids de ma poitrine. Je sais que je risque de provoquer un cataclysme, mais c'est plus fort de moi : je dois lui parler. »

« Je voulais avoir la paix : ma femme se doutait de quelque chose et elle me mettait une pression d'enfer. Un soir, j'ai craqué et je lui ai tout révélé pour qu'elle cesse de me harceler. »

« Mon mari me traitait avec une telle désinvolture que j'ai eu besoin de lui dire qu'un autre homme m'aimait à ma juste valeur. Je voulais lui faire du mal. »

« C'était comme une tentative pour sauver notre couple. Je voulais parler à mon compagnon pour que cela provoque en lui un électrochoc. Je voulais qu'il comprenne qu'il fallait que les choses changent profondément entre nous s'il ne voulait pas que notre histoire s'achève par un divorce. Je voyais cette révélation comme une façon de restaurer le dialogue entre nous. »

Il est intéressant de connaître le point de vue des personnes trompées quand leur conjoint leur révèle leur histoire extraconjugale. Les avis sont très partagés.

Les unes affirment : « Il faut dire la vérité, même si elle est terrible à entendre. Il faut le faire, au nom de la confiance et de l'honnêteté qui sont les piliers du couple. » L'argument principal est que le secret et le silence minent la relation et celle-ci s'en trouve alors fondamentalement faussée ; cela crée une distance dans le couple.

Les autres tiennent un tout autre discours : « Au nom de quoi me fait-il porter le poids de sa propre culpabilité ? Avant, c'était son problème, sa responsabilité, et je n'étais pas torturée. Maintenant, je me retrouve avec ce fardeau sur les bras et je ne sais pas quoi en faire. Le comble, c'est qu'il me dit qu'il est soulagé ! La belle affaire ! »

Dans l'enquête d'aufeminin.com, à la question « Faut-il dire à son compagnon qu'on l'a trompé ? », la réponse est, pour 82 % des femmes interrogées : « On se tait ou, en tout cas, on essaie de garder le secret. » En revanche, 85 % de ces mêmes femmes déclarent qu'elles préféreraient être au courant si leur conjoint les trompait ! Deux poids, deux mesures en fonction de là où on se trouve.

Ainsi, il est difficile de savoir où est la juste attitude... Les psy spécialistes du couple conseillent de façon quasi unanime de ne pas parler de sa relation extraconjugale. Cette position peut évidemment faire bondir les personnes qui ont été trompées et, de fait, leurs arguments sont pertinents :

> « Comment aurions-nous pu donner un second souffle à notre couple, si mon mari m'avait tu sa relation ? objecte Maryse. Je suis intimement convaincue que c'est parce qu'il m'a tout révélé que nous avons pu rester ensemble. »

> « Mon épouse s'est enfermée pendant un an et demi dans un mensonge qui, dit-elle, l'a fait énormément souffrir (tant et si bien qu'elle n'était heureuse ni avec moi ni avec cet homme !). Quand elle m'en a parlé, cela a été un tournant pour elle. Elle n'a pas quitté cet homme pour autant et leur relation a encore duré neuf mois. Pourtant, même si c'était très difficile à vivre pour moi, nous avons pu avancer ensemble ; nous avons pu parler et elle a choisi de revenir vers moi. Finalement, je crois que c'est grâce au fait qu'elle m'a parlé ouvertement qu'elle a rendu possible ce retour. »

Si de tels arguments plaident en faveur de la révélation, comment comprendre la recommandation des psy ? Elle se fonde sur deux éléments importants à prendre en compte : l'impact sur le (la) partenaire trompé(e), la gestion de sa culpabilité par la personne infidèle.

L'impact sur la relation de couple

L'expérience montre que le secret est parfois nécessaire, voire indispensable, et que c'est la révélation qui est au contraire néfaste et destructrice :

« Mais pourquoi m'a-t-il parlé ! s'exclame une épouse. Nous allions bien tous les deux. C'était à lui de gérer tout seul sa relation. Je n'avais pas besoin de sa confession. Maintenant, cela me bouffe. Pourquoi m'avoir fait ça ? »

« Initialement, je souhaitais garder secrète ma relation avec Bruno, raconte Chloé. Je tenais à mon mariage et, même si cela paraît contradictoire, j'aimais profondément mon mari. Un jour, pourtant, j'ai pensé que je lui devais la vérité et je lui ai tout dit, en insistant sur le fait que je tenais à nous deux plus qu'à tout. Mal m'en a pris : ça l'a blessé au-delà de ce que je pouvais imaginer. Cette révélation a littéralement dynamité notre couple et, un an après, nous divorcions. »

Une révélation peut précipiter le couple vers un divorce qui n'était pas souhaité. Selon la psychothérapeute américaine Dalma Heyn, « quand les femmes révèlent leur relation extraconjugale à leur conjoint, c'est bien plus le divorce qui en résulte que la réconciliation ». Ainsi, l'honnêteté est parfois contre-productive et à double tranchant : le souvenir de la relation extraconjugale ne s'effacera jamais et il risquera de plomber indéfiniment la relation. « Nous sommes des animaux dotés de mémoire, affirme la psychologue Martine Teillac. Le pardon est quelque chose de très difficile à accorder. Si on désire préserver son couple, on se tait et on cherche plutôt à comprendre ce qui s'est passé... »

La culpabilité

L'argument majeur des psy face à la question de la révélation de l'infidélité est qu'il est nécessaire pour chaque individu d'assumer la responsabilité de ses actes et que le besoin parfois compulsif de tout révéler ne relève pas du souci de l'autre, mais du souci de soi. La révélation serait une façon de se déculpabiliser et de se décharger sur l'autre de cette « faute » qu'on ne parvient plus à porter seul(e). On fait porter sa propre culpabilité à son conjoint, alors qu'il n'a aucun moyen d'en faire quoi que ce soit. Car cette culpabilité ne lui appartient pas !

Certains thérapeutes voient même, derrière la révélation, une volonté inconsciente d'accuser son ou sa partenaire : « Tu vois, je suis honnête avec toi, je te dis tout. Mais si je te trompe, ce n'est peut-être pas par hasard. Tu dois bien y être pour quelque chose, non ? » Dans ce cas, la révélation devient une arme subtile pour attaquer le conjoint et le (la) remettre en question, alors qu'il (elle) n'avait rien demandé !

Se préserver un espace

Garder le silence sur la relation permet aussi à la personne infidèle de se ménager un espace de réflexion... et de sécurité. Après quelque temps, de nombreuses relations extraconjugales meurent spontanément de leur belle mort, sans que le conjoint officiel n'ait jamais été au courant de leur existence. Partant de ce constat, pourquoi faire peser sur le couple ce qui ne sera que transitoire ? C'est de l'ordre du jardin secret.

Même si elle s'interrompt spontanément un jour, cette relation extraconjugale peut être porteuse d'enseignements pour la personne infidèle, qui se trouve ainsi nourrie par elle. Cette expérience l'a peut-être aidée à grandir intérieurement, à acquérir de la maturité ou à apaiser un besoin. Cette fonction remplie, elle revient physiquement et émotionnellement vers son (sa) partenaire, sans qu'aucune souffrance ne lui soit imposée par une inutile révélation : on peut même imaginer que, sans le savoir, il (elle) récolte les fruits de cette expérience !

Si le conjoint n'a jamais été mis au courant d'une relation extraconjugale aujourd'hui terminée, il est fortement recommandé à la personne autrefois infidèle de ne jamais parler de cette relation passée, même dix ans ou vingt ans après et même si on se sent un jour porté par un élan de sincérité, croyant (naïvement) qu'il y a prescription. La personne autrefois infidèle pense qu'il s'agit d'une preuve d'amour, alors que, très souvent, cette révélation n'est pas du tout perçue ainsi par le conjoint. Les conséquences peuvent être dramatiques, de façon totalement inutile, même plusieurs décennies après.

Il faut être clair sur le principe qu'on souhaite suivre : transparence ou non-agression ? Le principe de transparence est louable, mais qu'en est-il quand il conduit à faire du mal à autrui ? Il renvoie essentiellement à soi et à la bonne image que l'on souhaite préserver de soi. Le principe de non-agression renvoie quant à lui au souci de l'autre et à la volonté de ne pas lui nuire. Cela n'est pas une invitation au mensonge, ni à la dissimulation, encore moins à l'engagement dans une relation extraconjugale, mais quand celle-ci existe, la seule vraie question à se poser est de savoir comment la vivre sans faire souffrir inutilement son conjoint. Parfois le silence est un acte de respect.

Si on opte pour le silence et que l'on se réengage auprès de son conjoint, ce silence doit se coupler d'une réelle démarche vers la personne qu'on a trompée, dans un effort renouvelé de prendre soin de la relation.

Don-David Lusterman donne un exemple du choix du silence comme moyen de préserver le couple : il raconte l'histoire d'un homme ayant eu plusieurs relations extraconjugales qui furent découvertes par son épouse. Ils décidèrent néanmoins de rester ensemble, mais elle le prévint que s'il recommençait, ce serait l'arrêt immédiat de leur union. Leur lien se bonifia au fil du temps. Un jour, cependant, l'homme eut une aventure avec une jeune collègue : il était pétri de culpabilité car son mariage était malgré tout la chose la plus précieuse pour lui. Après réflexion, il refusa de le mettre en danger à cause d'un instant de folie et décida de ne rien révéler à son épouse. Ils sont toujours ensemble – et heureux de l'être...

Alors, dire ou ne pas dire ?

La psychologue Sara-Anne de Saint-Hubert résume avec justesse les différentes possibilités à envisager : « Si l'on considère que le couple est le lieu d'un dialogue intime où chacun partage avec l'autre son évolution au fil du temps, il faut avouer. L'infidélité est toujours l'indice d'un changement à l'intérieur d'une personne. L'autre doit en être informé pour pouvoir, lui aussi, continuer à évoluer. En revanche, si l'on considère le couple comme le cheminement, côte à côte, de deux individus qui gardent chacun leur jardin secret, il n'y a aucune raison d'avouer. L'infidélité ne concerne que celui qui la commet et cette part de vie qu'il construit seul. »

La vérité coûte que coûte n'est pas nécessairement la voie de l'amour et de la sagesse. La seule réponse valable est... qu'il n'y a pas de réponse univoque, mais des individus avec des histoires singulières. Il faut donc décider au cas par cas : dans une situation donnée, la révélation sera bénéfique, dans d'autres, elle mènera directement à la catastrophe. Il en va de la responsabilité de chacun et de sa capacité à assumer les conséquences de ses actes.

Freud a montré que les inconscients se parlent, quand bien même nous nous taisons et que nous espérons garder secrètes certaines informations. On appelle parfois « intuition » cette capacité de communication au-delà des mots. Quand un conjoint demande explicitement à son ou sa partenaire s'il (elle) est engagé dans une relation extraconjugale, cela signifie très souvent qu'il possède des éléments de réponse – même s'ils sont très intuitifs.

Car d'où vient cette question ? Sur quoi se fonde-t-elle ? Parfois, c'est effectivement une simple intuition, une sorte de ressenti que rien ne vient corroborer. Néanmoins, pour le conjoint trompé, poser la question révèle au moins deux aspects : cette personne a des doutes ; elle a déjà envisagé cette possibilité et est, dans une certaine mesure, prête à entendre une réponse qui irait dans ce sens.

Que se passe-t-il alors si le partenaire répond avec aplomb : « Non, tu te trompes ; il n'y a personne » et que, de surcroît, il apparaît choqué par l'incongruité ou l'absurdité d'une telle question ? Soit le conjoint trompé est rassuré ; il se satisfait de cette réponse et fait taire en lui ses doutes. Néanmoins, la relation extraconjugale existe bel et bien et, tôt ou tard, de nouveaux doutes ou de nouvelles interrogations ne manqueront pas de s'élever… Soit le conjoint trompé tente de faire taire ses doutes mais il n'y parvient pas : en effet, sa question signifie que le ver est déjà dans le fruit et qu'un système plus ou moins conscient de surveillance s'est déjà initié en lui, le conduisant à être beaucoup plus attentif ou suspicieux.

Si la personne infidèle nie en bloc et si son conjoint découvre la vérité après coup, cela aura au moins deux conséquences :

• Cette personne sera prise en flagrant délit de mensonges délibérés, énoncés froidement, droit dans les yeux. Si les deux partenaires décident de poursuivre leur route ensemble, après, ce paramètre rendra plus difficile la restauration du lien de confiance.

• La personne trompée pourra en vouloir à son conjoint de l'avoir considérée comme « folle », « ridicule » ou « infantile » :

> « Il m'a vraiment prise pour une andouille, se rappelle Nadia avec amertume. Et le pire, c'est qu'en acceptant ses mensonges et en niant mon intuition, je me suis moi aussi traitée comme une andouille… »

Ainsi, à la question « Faut-il dire la vérité quand le conjoint la demande explicitement ? » la réponse serait plutôt oui, même si certains avocats, spécialistes du divorce, recommandent de persister dans le non contre vents et marées. La vérité semble pourtant la meilleure stratégie. Don-David Lusterman déclare : « Je ne connais pas de relations de couple qui s'améliorent quand une relation extraconjugale est maintenue cachée, alors que l'autre partenaire a directement posé la question. » La sagesse pencherait donc vers la révélation de la relation extraconjugale de la façon la plus simple et la plus honnête possible. Il semblerait que l'on ait alors plus de chances de reconstruire son couple, si on choisit par la suite cette option.

Quand le conjoint sait mais ne dit rien

Comment comprendre cette situation ? Quelles sont les raisons de ce silence relatif ? Là, deux situations sont possibles :

1. La relation extraconjugale est connue du conjoint

trompé mais cette connaissance n'est pas partagée de vive voix avec son ou sa partenaire infidèle :

« Notre situation est un peu bizarre, reconnaît Nanouchka. Avant de rencontrer Sergei, j'étais très en demande vis-à-vis de Paul, mon mari. Je voulais qu'il soit plus attentif à moi et mon insistance dégénérait souvent en disputes. Or, depuis que j'ai cette relation avec Sergei, ma vie de couple avec Paul est étonnamment plus paisible. Nous avons trouvé une sorte d'harmonie qui rend très agréable notre quotidien. Je comprends cela par le fait que Sergei me donne tout ce que Paul ne sait pas me donner et cela m'apaise. En conséquence, je ne suis plus aussi exigeante à la maison. Je suis même assez sereine. Je n'ai pas envie de quitter Paul et, de toute façon, Sergei aussi est marié. Je pense que Paul est plus ou moins au courant de ma liaison mais je crois qu'il a choisi de ne pas m'en parler pour des raisons qui lui appartiennent. Je ne sais pas s'il en souffre ; ce n'est pas le cas, apparemment. Moi, en tout cas, j'ai trouvé un équilibre qui me plaît. »

« Si je lui dis que je sais qu'il a une maîtresse, il me quitte, affirme Perrine. Ce serait sans appel. Il est très orgueilleux et ne supporterait pas d'être pris en porte-à-faux et mis en face de ses mensonges. Il s'imagine que je ne suis pas au courant de sa relation avec sa kiné, alors que je le sais depuis le début ! Mais j'ai bien réfléchi : je ne souhaite pas divorcer car je l'aime et j'aime la vie que nous avons ensemble avec nos enfants. Et puis… pour être honnête avec vous, il y a autre chose. Parler le mettrait face à un choix : ce serait elle ou moi. Et j'ai peur que ce ne soit pas moi qu'il choisisse. Alors je préfère ne pas tenter le diable… »

« Oui, je sais : elle voit cet homme trois à quatre fois par an et elle croit que je ne suis pas au courant, déclare

Henri, mi-figue, mi-raisin. Mais bon... Est-ce que je vais foutre en l'air mon mariage à cause de ça ? Eh bien non, vous voyez. Si je parle, ça nous obligerait à prendre des décisions, et tout et tout... Ce serait que du malheur. Non, je n'ai pas envie de ça. Je m'en accommode parce que finalement on est bien ensemble... »

2. L'un sait officiellement que l'autre vit une relation extraconjugale, mais ne dit rien – ou très peu.

« Je sais que mon mari a une relation avec une autre femme depuis quatre ans, raconte Céline. J'accepte cette liaison car je ne veux pas divorcer. En fait, je ne peux pas divorcer : j'ai 51 ans et je n'ai jamais travaillé. J'ai élevé nos quatre enfants et il pourvoit à la vie matérielle de la famille. C'est notre deal ; je suis trop dépendante de lui économiquement pour envisager de vivre seule. Je veux rester dans cette maison où je vis depuis quinze ans. Alors il sait que je sais qu'il voit cette femme régulièrement mais j'accepte... Je n'ai pas le choix. »

« Mon mari a une maîtresse depuis six ans, explique Michelle. Cela fait plus de vingt et un ans que nous sommes mariés et nous sommes arrivés à ce compromis : nous tenons beaucoup l'un à l'autre, il y a une réelle affection entre nous et nous ne concevons pas de nous séparer. Mais je n'ai plus aucun désir pour lui et c'est la même chose de son côté. Quand il a rencontré cette jeune femme, il a failli me quitter pour vivre avec elle et, finalement, il y a renoncé : il m'a dit qu'il ne pouvait pas imaginer sa vie sans moi. Il me dit qu'il trouve un équilibre sexuel avec elle mais que c'est avec moi qu'il veut vieillir. Il n'a pas besoin de me mentir et cela le rend très affectueux et attentionné à mon égard. Cela me convient très bien maintenant, même si, au début, j'étais très jalouse. Il va se soulager ailleurs et moi, j'ai tout le reste. »

Le droit de tromper ?

Il est possible également qu'un contrat initial de non-exclusivité sexuelle ait été conclu au début de la relation conjugale. Là encore, ce contrat peut être explicite ou implicite. C'est un rare cas de figure mais il existe, même si on ne dispose d'aucune statistique à ce sujet.

> C'est ce qu'ont vécu Anne-Marie et son mari Günter pendant quarante ans ! Ils se sont accordé l'un l'autre des aventures sexuelles (et même amoureuses), s'en parlant, parfois, mais gardant le silence le plus souvent. Ils sont aujourd'hui âgés de 75 et 77 ans, parents de trois grands enfants, les choses se sont calmées et leur couple est intact.

De tels arrangements impliquent d'avoir les idées larges sur la relation de couple – ce qui n'est pas donné à tout le monde. En effet, on peut tenir un discours libéral sur le couple et mordre la poussière quand la réalité s'impose : les émotions ne suivent pas toujours ce que les mots ont énoncé et les aventures de l'autre conjoint blessent profondément en dépit de tout... À manier, donc, avec précaution !

Et internet ?

« Cliquer, est-ce tromper ? » C'est en ces termes que Laurence Ravier[1], rédactrice en chef du site psychologies.com, pose la question de l'infidélité sur internet :

> « Oui, c'est tromper ! répond Sandra. Quand j'ai découvert que mon mari consultait régulièrement des sites

1. www.psychologies.com, 2009.

pornos et qu'il chattait avec d'autres femmes, je me suis sentie sale et trahie. J'avais l'impression d'être exclue d'une partie essentielle de sa vie, alors que c'était précisément dans ce territoire de la sensualité que s'est construit notre couple. »

« Non, cliquer, ce n'est pas tromper, rétorque Bertrand. Ce n'est que du fantasme ! Il n'y a jamais de sexe avec les personnes avec lesquelles je suis en contact. Je ne suis pas infidèle à ma femme. Je l'aime profondément et notre sexualité est épanouie. Alors pourquoi le Net ? Parce que cela me donne un espace de liberté ; c'est mon jardin secret et cela ne concerne que moi. Cela n'a rien à voir avec notre couple. »

De fait, l'offre est colossale sur internet : forums, sites de rencontres, vidéos ouvrant à une infinité de fantasmes... Alors, infidélité ou pas ? Si on reprend les trois critères qui nous servent de base dans ce livre pour parler d'infidélité, on les retrouve tous dans le cybersexe :

1. L'intimité émotionnelle y est présente : le fait d'être derrière un écran, à l'abri des regards et du jugement social, permet de se lâcher plus facilement, en s'ouvrant à autrui d'une manière qu'on ne se permettrait jamais autrement. On peut rapidement établir un rapport intime avec une personne avec laquelle on sait qu'il n'y aura pas de contact direct. De plus, on est d'autant plus spontané que cette intimité peut être zappée en un seul clic ou en se déconnectant, dès que les choses vont trop loin. Cela donne l'impression qu'on contrôle la situation : cette sécurité rend possible le fait de se répandre sans retenue. En revanche, la facilité de cette intimité sans risque la rend addictive...

2. Le secret qui entoure les échanges sur internet est une des raisons du succès du cybersexe. Ce secret est double : vis-à-vis de son (sa) partenaire d'une part

et vis-à-vis des internautes que l'on contacte d'autre part, car il est facile d'incarner, sur le web, un personnage très différent de qui on est réellement.

3. L'alchimie sexuelle est incontestable. Le cyberespace est une puissante machine à fabriquer du fantasme : on se crée un personnage, on s'adonne virtuellement à des pratiques auxquelles on ne se livrerait peut-être jamais dans le réel ; on n'est pas incommodé par les petites imperfections physiques de l'autre qui pourrait désamorcer le désir, etc. De même, de l'autre côté de l'écran, il y a une autre personne qui sert de support à tous les fantasmes et à toutes les projections : ce n'est plus une vraie personne (même si on a des échanges très intimes) car, en l'absence d'une rencontre effective, elle reste une page sur laquelle on peut écrire ce que l'on veut, tout en croyant que cette personne est réellement ce qu'on imagine qu'elle est. Cela explique que l'on puisse tomber follement amoureux de cette personne, car elle se trouve parée (par nous-même) de toutes les qualités que nous avons besoin de trouver chez l'autre ; et que les rencontres avec cette personne dans le réel sont très souvent décevantes... En outre, comme il n'y a pas de passage à l'acte, la liberté d'expression des fantasmes vient nourrir l'excitation. L'impossibilité de passer à l'acte nourrit une frustration qui ne fait qu'accroître le désir sexuel. Il y a donc bien une puissante alchimie sexuelle !

Ainsi, à la question « Cliquer, est-ce tromper ? », la réponse est oui : selon les critères énoncés, il y a infidélité dans les échanges internet. À une différence près : ce n'est plus la trace de rouge à lèvres qui trahit l'infidèle, ou l'odeur d'une eau de toilette masculine sur son chemisier, mais la trace d'un « historique de consultations » qu'on oublie d'effacer !

La découverte des échanges internet est vécue de manière brutale par le ou la partenaire, qui parle de

« trahison », « confiance bafouée », « comportements glauques »... Il semble que l'impact émotionnel et relationnel du cybersexe soit aussi violent et délétère qu'une infidélité dans le réel.

> « Même si ça a été très difficile pour moi, je peux comprendre que mon mari m'ait trompé avec une de nos amies, explique Natacha. Il y avait une histoire derrière tout cela, des vrais sentiments, une vraie personne. Mais, alors que nous étions en train de reconstruire notre couple après que cette relation a cessé, il a commencé à aller sur des sites de rencontres. Là, j'ai vraiment pris peur, car ce n'était plus du tout la même chose : il ne s'agissait plus de lui et d'une autre personne, mais de lui, tout seul avec des fantasmes. Je percevais bien que cela m'échappait et je me sentais encore plus dévalorisée et trompée qu'avec notre amie commune. »

Mille et une interprétations

Compte tenu de l'utilisation massive d'internet pour satisfaire des besoins sexuels ou érotiques, il semble impossible de donner une seule et unique interprétation sur le sens de la « cyberinfidélité ». Ces internautes ne peuvent pas être enfermés dans une seule catégorie; de même, il est trop simpliste de n'y voir qu'une manière de compenser des carences ou des frustrations dans le couple. Chacun trouve l'équilibre dont il a besoin là où il peut et, dans la mesure où l'autre partenaire ne souffre pas de cet usage d'internet, il serait absurde de porter un jugement sur une pratique aussi largement répandue. Chacun doit, au cas par cas, évaluer l'impact de ce cybersexe sur son couple.

Laurence Ravier affirme même que le cyberespace pourrait être bénéfique pour le couple, en rapportant le témoignage de Valérie :

« Quand j'ai découvert les fréquentations web de mon mari, ça a été une grande claque, je me suis sentie trahie comme s'il m'avait trompée. J'ai décidé de crever l'abcès le soir même. Une fois la colère passée, nous avons parlé. J'ai peu à peu compris que nos vingt-deux ans de vie commune avaient érodé notre vie de couple. Je ne faisais pas assez d'efforts, je ne le sollicitais guère pour faire l'amour. J'ai donc eu la curiosité de m'inscrire avec lui sur quelques sites, ce qui a contribué à nourrir nos fantasmes et nos envies, et à relancer un processus de séduction. Notre chance a été qu'il existait beaucoup d'amour entre nous et qu'il fallait seulement revenir l'un vers l'autre. »

Le sexologue Alain Héril analyse fort bien le fondement du cybersexe :

« C'est l'imagination qui alimente le désir. Et le virtuel peut être un formidable activateur de fantasmes bénéfique à chacun. Même au sein d'une relation pleinement satisfaisante, l'homme reste un être de fantasmes. On ne possède pas complètement l'autre, et c'est en préservant chacun un petit jardin secret que le couple trouvera son équilibre. »

II

QUAND L'INFIDÉLITÉ ÉCLATE AU GRAND JOUR

« Je n'arrivais pas à me l'expliquer, se souvient Nora, mais quelque chose clochait dans le comportement de mon mari. Il semblait curieusement plus joyeux, alors qu'il est d'un tempérament plutôt taciturne. »

« Marc me parlait tous les jours de sa nouvelle collaboratrice, se rappelle Agnès. Et puis, soudain, plus rien. Plus un mot sur elle. C'est quand je le lui ai fait remarquer et qu'il m'a donné une réponse bateau en bafouillant que j'ai compris qu'il y avait quelque chose entre eux. »

À moins d'être un expert en dissimulation, il est difficile de masquer les effets collatéraux d'une relation extraconjugale. Tôt ou tard, certaines modifications de comportement ou d'attitude mettent la puce à l'oreille : le conjoint infidèle devient plus distant, plus irritable, plus critique, ou moins patient, affectueux, avec souvent un appauvrissement important (ou une disparition totale) de la sexualité. Au contraire il ou elle se montre plus tendre, attentif, joyeux, détendu, et même plus amoureux et/ou plus empressé sexuellement. Il ou elle prend davantage soin de lui (elle) et décide d'entreprendre un régime ou de se remettre au sport ; il (elle) fait plus attention à sa toilette, à ses vêtements, à son allure. Il (elle) parle beaucoup trop d'un ami ou d'une collègue ou, au contraire, cesse totalement de le faire alors qu'il (elle) était souvent présent(e) dans ses conversations. Tard le soir ou durant le week-end, des sms arrivent sur son portable. Il (elle) ne les regarde pas en présence de son conjoint. Il (elle) passe plus de temps au téléphone, sans préciser qui est son interlocuteur. Les retards inhabituels deviennent plus fréquents, ainsi que les soirées où il lui est nécessaire de « rester au bureau ». Les moments passés sur internet sont de plus en plus longs et fréquents, l'historique systématiquement effacé.

Ces détails se cumulent au fil du temps jusqu'à ce que le doute s'installe. Le (la) partenaire commence à « tricoter dans sa tête », mais n'ose faire part de ses inquiétudes. Parfois, les doutes tournent à l'obsession : c'est à ce moment-là que s'initie une recherche de preuves tangibles. À l'insu de son conjoint, on consulte les sms de son téléphone portable, ses mails, ses factures de téléphone, ses relevés de carte bancaire…

Les signes

Certaines personnes infidèles font tout pour être découvertes ! Une boîte de préservatifs est oubliée dans la voiture, un mail intime est laissé ouvert sur l'ordinateur, aux yeux de tous… Il est difficile de ne pas voir dans ces actes manqués le désir inconscient d'être découvert. Il s'agit là souvent de l'expression d'une culpabilité que la personne infidèle ne parvient pas à contenir : sans même s'en rendre compte, en donnant tant d'indices sur sa relation, elle crée les conditions qui lui permettront de sortir de cette culpabilité.

Autre explication à ces actes manqués ou manques de vigilance : le conjoint infidèle ne se soucie plus d'être découvert ; il (elle) souhaite mettre un terme à son mariage et ne se donne même plus la peine de cacher sa relation extraconjugale. Sa découverte mettra en route une mécanique de rupture.

Hormis ces situations, la plupart du temps, les indices sont soigneusement effacés et la découverte de l'infidélité se fait de façon accidentelle ou involontaire :

« J'ai découvert la liaison de mon mari lorsqu'il a eu son accident de VTT durant les vacances, raconte Valérie. Il était aux urgences et il avait besoin de ses papiers laissés à la maison. J'ai dû fouiller dans son portefeuille pour trouver sa carte Vitale… et je n'ai pas trouvé que ses documents de sécu. »

« Quand je suis entré dans notre chambre d'hôtel, se souvient Thierry, ma femme était au téléphone et je lui ai entendu dire très distinctement à son interlocuteur : "Moi aussi je t'aime" avant de raccrocher. Il n'y avait aucune possibilité d'erreur. Le ciel m'est tombé sur la tête. Quand je lui ai demandé des explications, elle m'a tout révélé. J'étais cloué au sol. Je ne m'attendais pas à une telle nouvelle. »

« J'avais l'impression de devenir folle, se rappelle Colette. J'avais intercepté par hasard, sur le téléphone de mon mari, un sms signé d'une certaine Anne qui me semblait un peu ambigu, sans plus. Mais j'ai commencé à guetter ses allées et venues, à l'affût du moindre indice, et j'ai consulté en cachette ses mails. Toujours rien de concluant. J'ai tenu pendant quatre mois et puis j'ai craqué : je lui ai demandé s'il avait une maîtresse et, sans détour, il m'a répondu que oui. »

La réaction de la personne infidèle

Tôt ou tard, face au cumul des preuves, la question est posée explicitement : « Y a-t-il quelqu'un d'autre dans ta vie ? » Les réactions de la personne infidèle sont alors étonnamment stéréotypées…

• Le déni est la réaction la plus fréquente : « Mais qu'est-ce que tu racontes ? C'est complètement faux ! Comment peux-tu imaginer ça ! », « Je refuse d'entrer dans ce genre de discussions absurdes ». Le déni se couple souvent d'une réaction de colère qui vise, plus ou moins consciemment, à intimider le conjoint, afin de le décourager de pousser plus loin ses investigations.

• La confrontation consiste à attaquer l'autre : « Tu ne me fais pas confiance ? », « Dis-moi : est-ce que je t'ai déjà menti ? ». La personne infidèle met sa crédibilité dans la balance. Face cette réaction qui manie avec tant de conviction le levier de la loyauté, la personne trompée se laisse facilement abuser.

• La culpabilisation s'associe souvent à la confrontation : « Tu me fais énormément de peine », « Cela me blesse profondément que tu ne me croies pas ». En inversant le rapport de force émotionnel, la personne infidèle coupe l'herbe sous le pied de son conjoint suspicieux.

• La psychologisation est une arme redoutable : « Tu sais bien que tu as une personnalité anxieuse et que tu doutes de tout. Cela vient des infidélités de ton père envers ta mère ; tu reproduis le même schéma. » Le conjoint infidèle sait où se trouvent les points de faiblesse et de vulnérabilité de son (sa) partenaire. Il les utilise en projetant sur son conjoint les accusations portées sur lui. Face à l'« irrationnel » de son conjoint aux abois, il oppose une logique psychologique qui a très souvent pour effet de faire sentir à la personne trompée qu'elle est ridicule ou infantile. Il en résulte une baisse d'estime de soi chez cette dernière, ce qui a souvent pour conséquence de neutraliser ses investigations.

• Tourner son conjoint en dérision est également une arme efficace pour le désarçonner et couper court à ses suspicions : « Tu es incapable de faire la part des choses. Armelle est juste une amie... Mais qu'est-ce que tu t'imagines ! Tu délires, ma pauvre fille. Tu as un problème. Faut te faire soigner ! »

• La contre-attaque vise à éluder le problème, en se focalisant sur autre chose : « Tu as fouillé dans mes affaires ! C'est un viol ! », « Jamais je ne me serais permis ça. Moi, je te fais confiance ! », « Comment as-tu pu me faire ça ? Je ne veux plus en entendre parler ». Une autre forme de contre-attaque consiste à reconnaître la relation extraconjugale mais à retourner aussitôt le feu contre celui ou celle qui accuse : « Interroge-toi plutôt sur les raisons de mon infidélité : ça ne vient pas par hasard, tu sais. Tu ne vois pas comment tu me traites depuis des années ? Tu me négliges, tu ne fais plus attention à moi ! », « Tu m'as fait énormément souffrir et j'avais besoin de réconfort. Alors, au lieu de m'accuser avec autant de violence, tu ferais bien de te remettre en question. Ce serait plus constructif que de me condamner comme tu le fais – parce que, ça, je ne peux pas l'accepter ! ».

Face à de telles réactions, de nombreuses personnes trompées ne lâchent pas prise, tant elles sont convaincues de la réalité de l'infidélité, et elles n'hésitent pas à mettre la pression pendant des jours, des semaines voire des mois pour que le conjoint reconnaisse l'existence de sa relation extraconjugale. Quand ce même conjoint affiche un déni puissant et répété contre vents et marées, il n'est pas rare que la personne trompée, troublée par la constance de ce déni, cède du terrain. Elle n'est plus aussi certaine de ce qu'elle avance et commence à remettre en question ses propres perceptions et interprétations. Finalement, elle bat en retraite – même si ce n'est que partie remise...

> « Mon épouse était tellement en colère et surtout tellement convaincante, se rappelle Claude, que je me suis senti complètement ridicule de l'avoir accusée d'adultère. Je lui ai présenté mes excuses dans la soirée ; je me sentais très bête et cela a plombé ma confiance en moi... jusqu'à ce que je découvre, sept mois plus tard, que j'avais raison : elle avait effectivement un amant depuis un an et demi ! Ça m'a presque soulagé de voir que je n'étais pas complètement paranoïaque ! Aujourd'hui, même si nous sommes toujours ensemble, j'ai du mal à lui pardonner de m'avoir menti avec autant d'assurance. Cela me fait voir un aspect d'elle que je n'aime pas et qui continue à parasiter notre relation. Un mensonge aussi bien assumé laisse des traces, qu'on le veuille ou non... »

Le déni n'est pas la règle : de nombreuses personnes infidèles se refusent au mensonge et révèlent leur relation secrète dès les premières questions de leur partenaire. Face à trop d'évidences, certains n'ont de toute façon pas d'autre choix que de reconnaître les faits.

Même si elle vient spontanément, la vérité est rarement dévoilée en une seule fois : très souvent, par exemple, l'importance de la relation est initialement minimisée et ce n'est que sous les assauts répétés de l'autre partenaire que sa pleine ampleur se révèle peu à peu. On constate que les couples qui s'en sortent le mieux sont ceux pour lesquels la confession a été rapide, simple et la plus exhaustive possible (dans certaines limites que nous verrons plus loin), contrairement à ceux où le conjoint nie de façon prolongée pour finalement être confondu par l'accumulation des preuves.

Que se passe-t-il après les aveux ?

Parfois, la réaction est radicale : dès lors que la relation extraconjugale a été révélée, il est impossible de rester ensemble. Celui (celle) qui a trompé doit partir immédiatement ; il n'est pas concevable de rester avec lui (elle) sous le même toit. Ce cas de figure n'est pas aussi fréquent qu'on pourrait le croire – faute, le plus souvent, de solutions de repli. Le couple doit plutôt s'accommoder d'une cohabitation dont chacun ignore l'issue et qui inaugure un climat de tension particulièrement pénible pour l'un et pour l'autre.

La révélation de la relation jette bien entendu le couple dans la tourmente et il est vain de croire que tout pourrait rapidement rentrer dans l'ordre. En effet, pendant des jours, des semaines ou des mois, l'infidélité va demeurer au cœur des échanges et son impact se fera douloureusement sentir, alors même que chacun tente de reprendre le cours du quotidien.

Les émotions de la personne trompée

Le choc

La découverte de la relation extraconjugale est toujours un choc dont l'intensité provoque parfois un sentiment d'irréalité. Certains s'en protègent par l'incrédulité voire le déni. Il peut se produire une véritable anesthésie émotionnelle : ce qui se passe n'est tout simplement pas possible ; c'est un cauchemar dont on va se réveiller...

Il arrive également que le choc de la découverte soit d'une telle force qu'il prend l'allure d'un traumatisme dont les séquelles se manifestent au fil du temps, dans le cadre de ce qu'on appelle un syndrome de stress post-traumatique (SSPT). Le syndrome lui-même est relativement rare mais il est fréquent de retrouver certaines de ses composantes chez les personnes ayant été trompées. Quand un SSPT est constitué, il parasite le quotidien et gêne le fonctionnement normal. Dans ce cas, il est utile de consulter un thérapeute.

Le SSPT « post-infidélité » se caractérise par des pensées obsédantes et des ruminations, un stress chronique, une hypervigilance et une attitude d'évitement.

Des pensées obsédantes et des ruminations

> « Je ne peux pas m'empêcher de ressasser ce qui s'est passé durant cette semaine de vacances en Bretagne, l'an dernier, reconnaît Aline. C'est à ce moment-là qu'il a rencontré cette femme. Depuis que je suis au courant, je passe en revue les moindres détails pour comprendre ce que je n'ai pas vu et tous les mensonges de mon mari me reviennent à l'esprit. J'y pense jour et nuit. C'est très déstabilisant. »

> « J'avais sans arrêt des flashs de ma femme en train de faire l'amour avec son amant, raconte Patrick, aujourd'hui divorcé. Ça survenait n'importe où et n'importe quand : au bureau, dans le métro, au moment de m'endormir. Je me demandais ce qu'elle lui avait fait, et comment, et où... Ça m'obsédait. »

La personne trompée ne cesse de penser à cette relation dont elle ignore l'essentiel : trop de détails ont été omis par son (sa) partenaire pour qu'elle puisse se représenter ce qui s'est passé. Alors, son imagination prend le relais et elle construit en boucle une infinité de scénarios aussi destructeurs les uns que les autres. Elle décortique les mensonges et les événements qui ont pu mener à cette relation, faisant toutes sortes de recoupements pour tenter de construire un tout cohérent. Elle est tellement focalisée sur la relation extraconjugale que tout ramène à elle : un couple d'amoureux main dans la main, une église qui renvoie à son propre mariage, une publicité de vacances qui fait écho à un voyage où elle se croyait heureuse, alors que son conjoint était en train de la tromper, la photo des enfants sur le buffet de la salle à manger, etc.

Elle peut être également assaillie de cauchemars récurrents qui lui font revivre, nuit après nuit, les événements : l'annonce de la relation ou sa découverte fortuite, une rencontre imaginaire avec l'autre personne, un scénario de rupture définitive... Ces images, flashs, cauchemars ou ruminations vers lesquels la personne trompée se trouve happée sont tout simplement épuisants. Au fil du temps, cela peut provoquer une grande fatigue, tant physique que psychologique. Plus rarement, cette personne peut être envahie de pensées de vengeance, voire de violence envers son (sa) partenaire ou envers l'autre personne.

Le stress chronique, l'hypervigilance

> « J'étais tendue comme un arc, toujours hyperstressée, explique Marion, comme si j'étais à l'affût de tout ! Je surveillais les moindres attitudes de mon mari et toutes ses allées et venues. Je n'arrivais pas à croire qu'il avait quitté sa maîtresse, comme il me l'avait promis. Je me suis même retrouvée à le surveiller pendant des heures devant son bureau, cachée dans ma voiture. Je n'étais pas très fière de moi, mais je ne pouvais pas m'en empêcher. Je n'allais vraiment pas bien, à cette époque. »

> « C'est idiot mais j'essaie de la prendre au piège, avoue Bernard. Je lui demande de me raconter sa journée et

j'essaie d'y trouver des contradictions ou des incohérences qui me montreraient qu'elle continue à voir cet homme. Je vérifie ses appels téléphoniques derrière son dos et, après, je lui demande qui l'a appelée dans la journée pour vérifier si elle me dit la vérité… »

Ce stress constant peut être tellement pénible que la personne trompée va chercher, par exemple, à s'étourdir dans des sorties entre amis ou dans une activité sportive soutenue. Ou bien elle mettra beaucoup d'énergie à comploter avec des proches pour faire surveiller son conjoint infidèle ou faire pression sur lui (elle) afin de le (la) récupérer… Cette recherche d'exutoire pour étouffer la peine peut conduire à des comportements excessifs comme une consommation trop importante d'alcool. À l'extrême, ce stress chronique, couplé aux pensées obsédantes, peut déclencher une dépression d'épuisement.

L'évitement

La troisième composante du SSPT est plus rare, qui consiste à éviter le plus possible les lieux ou circonstances qui rappellent, de près ou de loin, la relation extraconjugale de son conjoint. Par exemple, on ne veut plus passer dans telle rue car c'est là qu'habite l'autre personne ; on évite tel restaurant, magasin, ou encore telle destination de week-end car ils sont porteurs de souvenirs douloureux. On refuse de voir les films où l'infidélité est mise en scène… Ces évitements trahissent le fait que la relation extraconjugale est devenue le point de focalisation central de la personne trompée.

La colère

« Je crois que je n'ai jamais été aussi en colère contre quelqu'un. C'est justement parce que mon mari n'est pas "quelqu'un" que je suis tellement blessée : il est la personne en laquelle j'avais le plus confiance et à qui j'ai tout donné ! Comment a-t-il pu me faire ce coup-là ! Comment est-il possible qu'il n'ait pas pensé au mal qu'il était en train de me faire ?... »

« Je lui en veux de m'avoir roulée dans la farine en me faisant tous ces mensonges auxquels je croyais avec naïveté. C'est cela que je lui reproche le plus : avoir abusé de ma confiance en se montrant si affectueux avec moi, alors que c'était pour faire diversion. Comment un couple peut survivre à ça ? J'ai de sérieux doutes... »

« Je suis profondément blessée et en colère qu'il ait pu parler de moi à cette étrangère. Je ne supporte pas l'idée qu'elle connaisse mon intimité, mes peurs et mes secrets. J'en veux à mon mari de m'avoir autant exposée à quelqu'un que je ne connais pas. »

La colère se mue parfois en un désir de vengeance ou de faire mal en retour, à son conjoint, à l'autre personne, ou même au conjoint de cette autre personne :

« Je n'ai qu'une envie : aller casser la gueule à ce mec, enrage Norbert. C'est quand même mon meilleur ami et il n'a pas hésité à mettre ma femme dans son lit ! »

« Je suis à deux doigts d'appeler le mari de cette femme pour lui révéler son infidélité avec mon mari. Je souffre tellement que j'ai envie qu'il souffre lui aussi et que le mariage de cette femme s'écroule avec le mien... »

La colère est incontournable quand on découvre la relation extraconjugale. C'est une protection psychique face à l'agression que constitue cette nouvelle et à l'impuissance dans laquelle elle plonge : pour la personne trompée, la colère est une manière de reprendre le pouvoir et, dans une certaine mesure, le contrôle de la situation.

L'enjeu pour elle est de ne pas se laisser submerger, car l'énergie de la colère a un coût émotionnel important, et de trouver les moyens de l'extérioriser. La personne trompée doit être vigilante : si elle est aveuglée par sa colère, elle risque de brûler trop de ponts derrière elle, en voulant « démolir » son conjoint infidèle. La colère peut par exemple la conduire à afficher un puissant mépris à l'égard de son (sa) partenaire ou à vouloir ruiner sa réputation auprès de tous ses proches. Ce mépris, même s'il semble légitime, peut se révéler à double tranchant et provoquer des effets contraires à ce que la personne trompée souhaite vraiment. En effet, si, in fine, elle choisit de reconstruire son couple, il y aura eu parfois trop de haine et trop de violence pour que ce soit possible…

« J'ai trompé Solène avec une autre femme pendant dix mois mais j'ai finalement arrêté cette relation et je suis revenu vers mon épouse, raconte Pierre. Elle me disait qu'elle souhaitait que nous repartions du bon pied mais elle était tellement en colère contre moi que rien n'a été possible. Elle était extrêmement dure et estimait qu'elle avait le droit de me traiter ainsi après ce que je lui avais fait. Elle ne manifestait aucune empathie à mon égard, tournant en dérision mes coups de blues et mes états d'âme qu'elle trouvait "totalement ridicules". Son attitude m'a complètement découragé. Je ne voyais pas comment on pouvait se reconstruire dans ces conditions. Et pourtant, je l'aime, en dépit de tout. Et je lui répétais encore et encore combien je regrettais de l'avoir trompée. Rien n'y a fait : elle est restée inflexible. Elle me répétait : "Il faut que tu paies avant que j'accepte que tu reviennes à moi." Alors, cinq mois plus tard, j'ai finalement pris la décision de la quitter et, du coup, elle m'a violemment fait le reproche de n'avoir donné aucune chance à notre relation, sans voir que c'était elle qui ne nous avait pas donné cette chance... Elle a ameuté tous nos amis pour leur faire part de ma "démission" et de ma "lâcheté". Même aujourd'hui, c'est un peu dur à avaler... »

La colère peut également résulter d'une douloureuse prise de conscience : « Si je comprends bien, tout ce que nous avons vécu jusqu'à maintenant porte le sceau de l'infidélité... » En effet, bon nombre de personnes trompées en veulent à leur conjoint d'abîmer les souvenirs des temps heureux passés ensemble car la conscience de la relation qu'il (elle) entretenait à ce moment-là se superpose à ces souvenirs, en les parasitant.

« La relation extraconjugale de mon mari remet en question tout ce que nous avons vécu ensemble, énonce tristement Henriette. Quand je me rappelle le merveilleux Noël que nous avons fêté l'an dernier avec les enfants, tout s'assombrit, car il était déjà avec cette femme. Qu'est-ce que cela veut dire maintenant ? Que tout ceci n'était qu'une vaste plaisanterie ? Que la joie qu'il affichait n'était qu'un écran de fumée pour dissimuler la vérité ? Qu'il était physiquement avec nous, mais que son cœur était là-bas, avec elle ? Ces pensées me rendent tellement triste, et je ne peux pas m'empêcher d'être agressive envers lui quand je les évoque. »

Il arrive aussi que la colère se retourne contre soi : la personne trompée se fait le reproche d'avoir été trop naïve ou trop aveugle. Ce ressenti s'accompagne parfois d'un insidieux sentiment de culpabilité :

> « Quand je pense que je le croyais peiné d'être seul à Paris pendant que j'étais en vacances avec les enfants dans le Sud chez ses parents ! Il avait le champ libre pour voir sa maîtresse et je le plaignais sincèrement... J'ai envie de me donner des claques quand j'y repense ! »

> « Je m'en veux... vous ne pouvez pas vous imaginer combien je m'en veux ! C'est moi qui ai présenté cette amie à mon mari. Pourtant, je savais bien qu'elle n'avait pas une réputation très nette, alors pourquoi l'ai-je jetée dans ses bras ? C'est de la folie ! Je me sens presque responsable de ce qui s'est passé... »

La colère envers son (sa) partenaire ou envers soi peut faire tache d'huile, au point qu'on se montre impatient ou irritable avec son entourage (parents, collègues, amis, ses propres enfants parfois...).

La peur et l'insécurité

Nous avons besoin de croire que notre couple est un pilier de sécurité dans notre existence et que nous n'allons pas être remis en cause par la personne qui partage notre vie. Cette personne et le couple que nous formons avec elle constituent des points de repère dans notre vie, tout comme les valeurs qui en sont le garant. La découverte de la relation extraconjugale vient fragiliser cet édifice qui, pour certains, est un point d'ancrage de leur identité. Il en résulte souvent un sentiment diffus d'insécurité et d'imprédictibilité où tout ce qu'on croyait de soi et du monde devient aléatoire. Ce vécu de vulnérabilité intérieure est source de stress et d'anxiété.

« J'avais l'impression que, après douze ans de mariage, nous avions des valeurs communes ! Mais quand je vois que mon mari est capable de me mentir depuis si longtemps (il a une maîtresse depuis trois ans) ! Je ne sais plus très bien à quel saint me vouer. C'est très déstabilisant de me dire que j'ai peut-être construit sur du sable. Je ne sais plus ce qui est vrai ou faux, ce qui est solide ou pas… Cela m'insécurise énormément. Finalement, je me dis que je me suis peut-être trompée sur cet homme. Parfois, j'ai l'impression de ne plus le connaître. La personne que je connais ne m'aurait jamais fait ça. »

La peur de se retrouver seul(e) vient aussi nourrir le sentiment d'insécurité : que va décider mon conjoint ? Va-t-il (elle) me quitter pour aller avec cette autre personne ? À cela s'ajoutent des peurs très concrètes si la révélation de la relation extraconjugale aboutit à une rupture : la personne trompée envisage un divorce, avec son cortège de problèmes financiers, de garde d'enfants, de refonte du réseau amical…

Il existe une dernière peur après la découverte d'une relation extraconjugale, particulièrement quand elle s'inscrit dans une série d'aventures sans lendemain et qu'on a un doute sur la protection adoptée par son conjoint lors des rapports : c'est d'avoir contracté une affection sexuellement transmissible (sida, hépatite C, syphilis, chlamydiae, etc.). Au moindre doute, des examens biologiques s'imposent.

Une réaction dépressive

Juste après l'annonce de la relation, la personne trompée est sous le choc, anesthésiée ou, au contraire, très réactive et sur le pied de guerre. Au fil des semaines, elle commence à accuser l'impact négatif du flot d'émotions qui se bousculent en elle. C'est dans ce contexte que, fréquemment, s'ébauche un mouvement dépressif, dont les symptômes sont bien connus :

• troubles du sommeil avec insomnie,

• perte d'appétit (ou, plus rarement, boulimie compensatoire),

• sentiment d'être constamment fatigué,

• perte d'intérêt pour tout ce qui faisait plaisir jusqu'à maintenant,

• tristesse, accompagnée parfois d'idées suicidaires,

• perte de sens des choses et vision négative de l'avenir (par exemple idée que, plus jamais, on ne pourra aimer).

Dans un tel contexte, il faut se méfier d'un recours trop important à l'alcool ou à d'autres drogues visant à atténuer cette pesanteur intérieure. Les médicaments (anxiolytiques et/ou antidépresseurs) ne doivent être pris que sous contrôle médical. En effet, si on sent que les choses s'aggravent au fil du temps, une aide médicale est nécessaire.

Le vécu dépressif se nourrit d'une atteinte de l'estime de soi. Le conjoint trompé s'interroge sur sa valeur intrinsèque en tant que personne, alors que son (sa) partenaire vient de lui démontrer qu'il a trouvé « mieux » ailleurs. Si la personne trompée ressentait un manque de confiance en soi avant l'annonce de la relation extraconjugale, il s'en trouve majoré : elle doute encore plus d'elle et de sa capacité à aimer et à être aimée. Ce questionnement fragilise. De plus, alors que la relation extraconjugale est le fait du conjoint, la personne trompée n'en éprouve pas moins une certaine culpabilité qui conduit certains à se désigner comme responsables de la relation extraconjugale :

« Il doit y avoir quelque chose qui ne va pas en moi… ou quelque chose de pas assez bien dans ma personnalité, s'interroge douloureusement Nathalie. Parfois, je me condamne de ne rien avoir vu – ou de ne rien avoir voulu voir. Une amie m'a dit que la personne trompée a toujours une part de responsabilité dans l'infidélité de son conjoint. Si c'est le cas, je dois vraiment être stupide car je ne vois vraiment pas comment j'aurais pu favoriser quelque chose qui me fait autant souffrir... »

Cette culpabilité se fonde notamment sur une croyance assez courante qui affirme que la personne infidèle laisse toujours derrière elle des indices et que le conjoint trompé doit nécessairement faire l'autruche à un moment ou à un autre pour ne pas voir l'évidence! Ce présupposé est totalement faux; la réalité est autre : la grande majorité des relations extraconjugales restent ignorées des partenaires trompés. La personne qui trompe déploie des trésors d'intelligence pour que sa relation reste secrète. Il est donc injuste de se reprocher de ne pas avoir été en mesure de la découvrir.

Dans un même ordre d'idée, certaines personnes trompées qui avaient des doutes mais qui ont choisi de se taire, se font, après coup, le reproche de n'avoir ni parlé ni fixé de limites :

« On dit que qui ne dit mot consent, insiste Anne. Ce qui se passe doit être un peu ma faute. Je n'avais qu'à parler... Mais j'avais peur de le faire : je voulais préserver ma famille. Maintenant, je me sens coupable d'avoir laissé filer les choses, au point qu'il m'est difficile aujourd'hui d'en vouloir à mon mari. »

Un pernicieux sentiment de honte vient fréquemment s'ajouter à la culpabilité : honte d'être perçu comme « cocu », avec toutes les connotations négatives attachées à ce mot, comme quelqu'un de naïf qui n'a rien vu ou, pire encore, qui a « choisi » de ne pas voir. Cette honte altère d'autant plus l'estime de soi.

Les zones de fragilité individuelle

Nous ne sommes pas égaux face au stress faisant suite à la découverte d'une relation extraconjugale. Certains sont plus vulnérables psychologiquement que d'autres et il existe des circonstances qui sont par elles-mêmes sources d'un surcroît de détresse émotionnelle. En voici quelques exemples.

Les personnes les plus vulnérables sont celles qui souffrent d'une trop grande dépendance affective : à la base, elles ont une perception assez négative et dévalorisée d'elles-mêmes, convaincues qu'elles ne peuvent exister que par le regard que quelqu'un d'autre porte sur elles. Sans cette béquille, elles ont le sentiment d'être vides intérieurement. Leur relation de couple leur permet de restaurer un semblant de confiance en elles car elles se sentent portées par l'amour de leur partenaire. On comprend alors l'effondrement que provoque la découverte d'une relation extraconjugale : non seulement elles anticipent avec terreur la destruction potentielle de leur couple, mais beaucoup y voient également la confirmation de leur manque d'intérêt et de valeur intrinsèque. L'infidélité est la preuve flagrante qu'elles sont vraiment « nulles » et peu intéressantes. L'impact de l'infidélité est donc d'autant plus violent qu'il touche de profondes failles intérieures.

La découverte de la relation extraconjugale peut également rouvrir des blessures d'autrefois. Telle personne peut avoir souffert de la préférence parentale pour un autre membre de la fratrie ou encore de la négligence d'un parent qui privilégiait sa vie de couple. Enfant, la personne s'est sentie exclue ou privée d'amour. Aujourd'hui, l'infidélité de son conjoint réactive douloureusement cette préférence dont elle a tant souffert.

Enfin, les personnes les plus vulnérables sont celles qui ont subi des situations abusives, sexuelles, physiques ou émotionnelles. « Habituées » à être abusées, elles ont plus tendance à se vivre en victimes et à laisser leur conjoint les abuser par sa relation extraconjugale, sans parvenir à trouver en elles les moyens de répondre à la situation de façon saine et appropriée. Elles restent prises au piège de leurs conditionnements d'autrefois, à moins que l'inverse ne se produise : cet abus est la goutte qui fait déborder le vase et les conduit à une décharge émotionnelle extrêmement puissante où ressortent toutes les frustrations refoulées du passé.

Il existe aussi des circonstances particulièrement fragilisantes qui submergent la personne trompée dans ses capacités d'adaptation. Par exemple si on découvre que la troisième personne est un intime (sœur, meilleur ami...). Le vécu de trahison est particulièrement intense. Il en va de même quand on découvre une famille construite en parallèle de la sienne (avec femme et enfants) ou une contamination par une maladie sexuellement transmissible grave. Ou encore lorsque son conjoint a donné à l'autre tout ce qu'il (elle) avait depuis toujours refusé de donner dans la relation de couple (réalisation d'un projet, achat d'une maison...).

Ce que vit la personne infidèle les premières semaines

Que ressent-elle maintenant que tout est révélé au grand jour ? Si les réactions sont variées, il faut souligner qu'elles sont le plus souvent moins vives en intensité que celles de la personne trompée. En effet, contrairement à celui ou celle qui découvre la relation extraconjugale, la personne infidèle est moins remise en question dans son identité, dans son estime de soi et dans ses certitudes. La relation, au contraire, a amélioré sa confiance en elle et lui a ouvert d'autres horizons. L'impact émotionnel de la découverte sur la personne infidèle sera donc moindre – du moins dans un premier temps.

Le soulagement

C'est un cas de figure assez rare mais certains éprouvent un réel soulagement à la découverte de leur relation, car cela signifie la fin d'une situation qu'ils ne parvenaient plus à gérer ou qui générait trop de culpabilité.

La colère ou le ressentiment

Sa découverte menace la relation extraconjugale : que va-t-elle devenir maintenant qu'elle est connue du conjoint ? C'est là où la colère s'immisce : la personne infidèle en veut à son (sa) partenaire de mettre en danger un lien auquel elle tient. Elle lui en veut d'être contrainte de faire un choix qu'elle refuse de faire ou de prendre des décisions qui feront immanquablement du mal à la personne qu'elle aime.

> « Je comprends que mon épouse ait été très choquée en découvrant ma relation avec Sandrine, explique Renaud, mais je ne peux pas m'empêcher de lui en vouloir d'avoir vomi sa haine contre elle. Elle ne la connaît pas et je suis révolté par les mots qu'elle utilise pour la décrire. Je sais très bien que c'est égoïste de raisonner ainsi, mais je lui en veux de critiquer aussi violemment ce que j'ai trouvé chez Sandrine. Et sincèrement, je ne sais pas si ma femme pourra me donner ce qu'elle m'apporte… »

On l'a déjà vu : la colère peut également venir du fait que le ou la partenaire ait pu fouiller dans ses affaires et dans sa correspondance. L'attaque étant parfois la meilleure défense, la colère peut être une riposte au malaise d'avoir été mis au jour.

La culpabilité et/ou la honte

> « J'étais profondément heureuse avec Antoine, confie Isabelle, mais je savais que, pour pouvoir laisser vivre cette histoire d'amour, je devais faire taire en moi tous les principes qui étaient importants à mes yeux. Quand mon mari a découvert ma relation, j'étais morte de honte, car j'avais bafoué tout ce que je clamais être mes valeurs. Je me sentais aussi très coupable vis-à-vis des mensonges que je lui avais faits et qu'il me poussait à lui révéler un par un. Et je me sentais secrètement coupable d'éprouver toujours de l'affection pour Antoine, alors que je disais à mon mari que je voulais reconstruire notre couple... »

Pour la personne infidèle, la culpabilité et/ou la honte ont de multiples supports après la découverte de la relation extraconjugale : elle se sent coupable et/ou honteuse vis-à-vis de ses enfants qui tôt ou tard apprendront la nouvelle, explicitement ou implicitement, elle est mal à l'aise d'être en contradiction avec les valeurs qu'elle souhaite leur transmettre ; elle redoute aussi les réactions de ses amis, de sa famille et éventuellement de ses collègues, craignant leurs jugements négatifs qui la décrédibiliseraient. Elle a été prise en flagrant délit de duplicité et craint qu'on ne lui accorde plus confiance. Ainsi, tout comme pour le conjoint trompé, la culpabilité porte atteinte à l'estime de soi.

Une personne qui se sent coupable est plus sensible aux critiques d'autrui. C'est pourquoi il n'est pas rare que le conjoint trompé utilise la culpabilité pour faire « payer » à son (sa) partenaire son infidélité, comme le raconte Fabrice :

> « Je me sentais très coupable vis-à-vis de mon épouse et j'avais tellement besoin d'être pardonné que j'ai tout accepté d'elle : les restrictions drastiques de mon emploi du temps, l'exigence de transparence absolue de mon agenda, l'interdiction d'aller à la salle de sport sans elle, le contrôle de tous mes appels téléphoniques et de tous mes mails... Je disais oui à tout ce qu'elle exigeait, même aux demandes les plus extrêmes. À l'époque, je ne me rendais pas compte que j'étais dans une attitude d'autoflagellation. Ce n'est qu'après notre divorce que j'ai réalisé combien mon épouse m'avait manipulé via ma propre culpabilité. Je peux comprendre qu'elle avait besoin de cela pour se venger ou pour se rassurer, mais je vois aussi que ma culpabilité m'empêchait de mettre des limites à ses demandes excessives. Et elle en a largement profité. »

La peur

La peur prend également de multiples visages chez la personne infidèle : peur de perdre son couple et tout ce qui a été construit ensemble, peur du rejet social, de la condamnation d'autrui, peur de perdre sa réputation, peur des conséquences psychologiques, émotionnelles, financières, sociales d'un divorce, peur de la solitude qui en résulterait... L'accumulation des peurs peut d'ailleurs la conduire à une situation où elle se sent complètement paralysée : faut-il rester ? Faut-il partir ? Faut-il quitter l'autre personne ou se jeter à l'eau et tenter d'initier une histoire officielle avec elle ? Mais à quel prix ? Avec quelles conséquences ?... Assaillis de questions sans réponses, certains n'osent plus bouger, ils ne savent plus ce qui est bon pour eux et se sentent incapables de prendre la moindre décision alors qu'ils sont pressés de le faire.

Il est indispensable de prendre du recul. La sagesse invite en effet à ne pas prendre de décisions majeures tant qu'on se trouve dans un état de confusion émotionnelle : il faut pouvoir négocier avec son conjoint, afin de se donner du temps et de l'espace pour penser... Par ailleurs, la confusion de la personne infidèle se nourrit des sentiments très ambivalents qu'elle ressent à l'égard de son conjoint et de l'autre personne.

« Je n'arrive pas à me dire que mon histoire avec Sandra doit se terminer, raconte Éric. Je ne veux pas y renoncer... tout comme je ne veux pas renoncer à Carole, mon épouse. C'est inextricable. En réalité, c'est davantage aux enfants qu'à ma femme que je n'arrive pas à renoncer. Mais la seule façon de préserver ma relation avec eux, c'est de rester avec elle... Mais rester avec elle signifie que je dois renoncer à Sandra ! Je suis complètement perdu. Tout était si simple avant : je voulais simplement être heureux. Maintenant, il y a deux personnes qui souffrent à cause de moi ; c'est absurde... »

Un vécu de deuil

La découverte de la relation extraconjugale peut amener la personne infidèle à rompre avec son amant ou sa maîtresse, dans l'espoir de reconstruire sa relation avec son conjoint. Néanmoins, cette décision ne permet pas de court-circuiter le vécu de deuil qui accompagne immanquablement cette rupture.

« J'ai rompu avec Clara depuis trois mois, raconte Victor, et je sais que je ne reviendrai pas sur ma décision. Mais, même si je fais tous les efforts possibles pour réinvestir la relation avec mon épouse, je suis triste au fond de moi.

Je pense beaucoup à Clara. Je me sentais coupable de ça jusqu'à ce qu'une amie me dise que c'était normal : j'avais un deuil à faire et le fait d'être triste n'était pas en contradiction avec mon désir de retrouver mon épouse. Cela m'a rassuré, parce que je pensais que ma réaction était anormale et que je n'étais pas sincère vis-à-vis de ma femme. »

Ce vécu de deuil de la personne ayant été infidèle est lié au renoncement de ce qui a été projeté ou planifié avec son amant(e) : les rêves, les projets, les espoirs d'une autre vie – une vie différente, ailleurs... Cela prend du temps, des mois voire des années. Il s'agit aussi du deuil de ce qu'elle imaginait être, à tort ou à raison, dans cette nouvelle vie : une autre personne, plus heureuse ou plus épanouie... Elle doit renoncer à cette projection d'elle-même dans une vie supposée meilleure.

Ce vécu de deuil est la plupart du temps solitaire et il serait malvenu de le partager avec la personne qui a été trompée ! On ne pourrait attendre d'elle aucune empathie et une telle confession risquerait de l'inquiéter. Pourtant, même s'il est difficile pour la personne trompée de voir son conjoint dans la tristesse qui résulte du deuil de sa relation, elle devrait y voir le signe qu'il y a réellement eu rupture avec l'autre personne. Cela peut être un signe favorable qui marque le désir sincère de son (sa) partenaire de réinvestir la relation !

Ce que vit la troisième personne

Elle aussi subit l'impact de la découverte de la relation extraconjugale. Que ressent-elle ? Qu'espère-t-elle du changement radical qu'induit la révélation de cette relation ?

« Je me suis prise à espérer, explique Sidonie. Tout devenait possible : il avait parlé à son épouse, il allait la quitter et venir vivre avec moi, comme il me l'avait toujours promis. Je ne voulais pas le malheur de cette femme, parce que je sais que c'est quelqu'un de bien, mais je ne pouvais pas ignorer les promesses et les rêves fous qui naissaient en moi après cette révélation... »

Comme cela a déjà été souligné, les attentes de l'autre personne varient énormément en fonction de son propre statut marital. Si elle est célibataire, elle attend, en général, beaucoup plus de la relation que si elle est mariée : elle se projette plus intensément dans la perspective d'un couple officiel. Et si son amant(e) décide finalement de revenir vers son conjoint, la déconvenue est massive.

De fait, il apparaît que bon nombre de personnes infidèles ne font pas le choix de quitter leur conjoint. Beaucoup retournent vers lui (elle) et tentent de restaurer leur relation. C'est très souvent un choc pour l'autre personne. En effet, elle se plaignait sans cesse d'un mariage sans joie et sans substance, il se disait malheureux dans son couple... Comment peut-il (elle) aujourd'hui mettre tant d'énergie à vouloir le sauver ?! Que deviennent les promesses et les projets que l'on construisait ensemble dans la douce intimité des rencontres secrètes ?

Le ressentiment fait alors place à la déception. On en vient à douter de l'authenticité et de la profondeur de cet amour que l'autre disait éprouver. On en vient même à douter de soi : est-ce que je ne me suis pas fourvoyé(e) avec lui (elle) ? Est-ce que je n'ai pas, moi aussi, été trompé(e) ?...

La troisième personne tente alors de négocier : « Donne-nous encore un peu de temps avant de revenir vers ta femme. Tu vas comprendre que c'est avec moi que tu souhaites refaire ta vie. Je refuse que notre histoire s'arrête. On peut s'arranger, passer plus de temps ensemble, réaménager nos rencontres. Tu peux dire à ton mari (à ta femme) qu'on ne se voit plus, le temps de réfléchir… »

Certains, confrontés à la détermination de leur amant(e), jettent l'éponge et disparaissent de sa vie ; il n'y a manifestement plus d'espoir de poursuivre la relation d'amour. D'autres tentent de transformer le lien d'amour en lien d'amitié. Cela peut permettre de laisser exister la relation, sans se contraindre à y renoncer. Certains y parviennent, mais ce n'est pas toujours possible. Parfois, le temps permet à la relation d'évoluer dans ce sens, mais le plus souvent, cela ne fonctionne pas. Si la personne infidèle tente de rester en contact sur un mode platonique et amical avec l'autre personne tout en gardant le secret sur ce nouveau lien, elle reste dans la même configuration qu'autrefois et s'expose à une nouvelle découverte par son conjoint, avec les conséquences qu'on imagine…

L'impuissance et la colère

Nombre de personnes ayant le statut d'amants ou de maîtresses souffrent de ne pas avoir prise sur la situation : elles dépendent des décisions de la personne infidèle. Cette absence de contrôle et le vécu d'incertitude et/ou d'insécurité qui en découle provoquent chez certains un effondrement émotionnel ; ils se vivent victimes de circonstances qui leur échappent.

Ces personnes peuvent soudain prendre conscience de l'investissement « à perte » de belles années de leur vie. L'idée de se retrouver les mains vides après avoir tant donné mène parfois à la dépression ou à une sourde colère : elles refusent que leur bonheur soit le jouet du bon vouloir d'un tiers et montent au créneau pour défendre leur relation. Il leur est impossible de croire qu'elle puisse se terminer. Dans un esprit de représailles face à la souffrance infligée par le conjoint officiel, certaines vont jusqu'à mettre au courant les proches de leur amant(e) ; d'autres entrent en contact avec ce conjoint et lui révèlent les moindres détails de la relation, dans l'espoir que cela tuera dans l'œuf toute tentative de reconstruction du couple. Ces cas de figure sont extrêmes, mais ils existent.

La plupart du temps néanmoins, c'est une infinie tristesse qui s'abat sur l'autre personne quand la rupture devient effective : alors que son amant(e) œuvre à restaurer son lien d'amour avec son conjoint, elle doit cheminer seule dans sa propre reconstruction, contrainte d'accepter une situation qui va à l'opposé de ce qu'elle souhaite. De surcroît, il est fréquent qu'elle reçoive peu de soutien, ses proches ne pouvant pas s'empêcher de penser qu'elle a contribué à créer elle-même son propre malheur, comme ce fut le cas pour Laurence :

> « Ma mère m'a regardée avec tristesse quand je lui ai annoncé que Philippe avait choisi de revenir avec son épouse. J'entends encore ce qu'elle m'a répondu : “Ma pauvre chérie, tu t'attendais à quoi ? Les hommes mariés ne quittent pas leurs femmes. Tu devrais le savoir. Je t'avais dit que cette relation te ferait souffrir !” J'étais effondrée ; c'est la dernière chose que j'avais besoin d'entendre. Deux autres amies ont eu à peu près la même réaction. La seule personne qui a trouvé les mots justes était une copine qui avait autrefois vécu la même chose que moi. »

Une opportunité de grandir ?

Même si l'épreuve est rude, il n'y a pas nécessairement effondrement de la personne éconduite.

Beaucoup parviennent à tirer un enseignement de cette expérience de vie et font preuve de résilience, comme le montre Éloïse :

> « Je ne me suis pas respectée pendant ces cinq années où j'ai attendu en vain que mon ami quitte sa femme pour venir vivre avec moi. Notre séparation m'a fait l'effet d'un électrochoc. Je me suis fait la promesse de ne plus jamais me manquer de respect. J'ai pris conscience que j'avais accepté l'inacceptable par amour mais aussi par peur de me retrouver seule. En fait, je me suis enfermée dans la peur. Aujourd'hui, je me suis pleinement retrouvée et je me sens encore plus forte et centrée sur moi. Cette expérience m'a fait grandir, si douloureuse fût-elle. »

Après le choc de l'annonce

La découverte de la relation extraconjugale marque, pour le couple, un point de non-retour. Que faire maintenant ? Que dire ? À qui parler et comment ?

Contenir l'impact émotionnel

L'annonce de l'infidélité jette la personne trompée dans un état émotionnel tel qu'il lui est difficile de penser de façon claire et posée. Dans une certaine mesure, c'est vrai également pour la personne infidèle. Dès lors, prendre, sous le coup de l'émotion, des décisions radicales ou irréversibles n'est pas la voie de la sagesse ; elles risquent de compromettre l'avenir et conduisent à des prises de position dont on peut se mordre les doigts plus tard. Il est essentiel de comprendre que le processus de reconstruction de soi et/ou du couple s'inscrit dans la durée.

Dès les premiers instants, la priorité pour la personne trompée est de contenir du mieux possible l'orage émotionnel qui se lève en elle. Elle est profondément déstabilisée et il lui est d'abord impossible de pacifier son chaos intérieur. Les vagues émotionnelles qui déferlent en elle sont complètement normales dans ces circonstances extraordinaires. L'essentiel est de ne pas les réprimer ou les anesthésier (par l'alcool, les médicaments, une immersion dans le travail, du sexe débridé...) : les émotions que l'on refoule épuisent plus que celles qu'on s'autorise à extérioriser (en parlant à des proches, en consultant un psy, en écrivant ce que l'on ressent, etc.).

La personne trompée a besoin de mobiliser, le plus tôt possible, les moyens de prendre soin d'elle-même. Face à une situation où elle a l'impression de ne plus avoir le contrôle des événements, il peut être rassurant de constater que l'on n'est pas totalement impuissant. L'histoire de Martha est un bon exemple de cette prise en charge précoce de soi-même :

> Après le choc initial de la découverte de la liaison de son mari avec une de ses amies d'enfance, Martha a pris le taureau par les cornes. Alors que Pascal restait indécis dans ses choix, Martha lui a clairement affirmé son amour et son désir de sauver leur couple. Elle s'est refusée à toute manifestation de trop vive colère. « J'avais conscience, explique-t-elle, que la dernière chose à faire était d'avoir une réaction hystérique. Cela aurait complètement fermé le dialogue. »
> Comprenant qu'elle n'avait pas, pour le moment, le contrôle de la situation, elle a choisi, au fil des semaines, d'investir les secteurs de sa vie sur lesquels elle avait toujours une prise : elle s'est remise au sport, perdant ainsi des kilos superflus ; s'est investie davantage dans

son réseau d'amis, y trouvant l'écoute et le soutien dont elle avait besoin ; et a entrepris une psychothérapie afin d'avoir un espace de sécurité où elle pouvait exprimer ses émotions et comprendre ce qu'elle était en train de vivre. Elle a ainsi travaillé à identifier ses propres besoins et s'est donné les moyens d'y répondre du mieux qu'elle le pouvait. Ce fut, pour elle, la façon la plus juste de restaurer son estime d'elle-même, mais aussi de se recentrer sur ses désirs : « Il n'y a pas de raisons que mon mari soit le seul à vouloir répondre à ses aspirations ; je peux aussi prendre soin de moi. »

À aucun instant, néanmoins, elle n'a renoncé à son couple. Elle a eu raison car sa relation est aujourd'hui restaurée.

À qui parler ?

Que l'on soit la personne trompée ou celle qui a été infidèle, le besoin de parler et de se confier est souvent impérieux. Mais à qui parler ? Et que dire ? On craint d'en dire trop, on élude certains détails de peur d'être jugé(e), on s'ouvre en toute confiance à un proche et on le regrette deux secondes plus tard… Parler n'est pas simple dans de telles circonstances ; quelques précautions s'imposent.

Si on est la personne trompée, il convient d'abord de s'assurer que l'on ne fait pas de sa parole une arme contre son conjoint. Sous le feu de la colère, on peut être amené à dire des choses à son sujet ou à révéler des éléments de son intimité qui peuvent le mettre plus tard dans une position délicate, comme ce fut le cas pour Alexia :

« J'étais tellement furieuse contre mon mari que je me suis littéralement lâchée auprès de ma mère. Je lui ai tout dit, dans les moindres détails : les mensonges, les manipulations, les petitesses… tout ! Elle était outrée et j'étais heureuse d'avoir une telle alliée à mes côtés. Pourtant, contre toute attente, mon mari et moi, nous nous sommes réconciliés. Cela a représenté un gros travail de part et d'autre, mais nous nous sommes vraiment retrouvés et, deux ans après, notre relation est maintenant très sereine. Le problème est que ma mère est restée bloquée sur ce que je lui ai dit. Elle refuse de croire qu'il ait changé et ne manque pas de lui rappeler le mal qu'il m'a fait chaque fois que nous nous voyons. C'est vraiment lourd pour mon mari et je me sens très coupable d'avoir parlé aussi ouvertement à ma mère et de lui avoir révélé tant de choses sur notre couple. Moi, je suis passée à autre chose, alors qu'elle stagne dans un ressentiment stérile à l'égard de mon mari… »

De fait, les échanges avec les parents sont sujets à caution : si certains font preuve d'une qualité d'écoute permettant un échange constructif, d'autres réagissent en fonction de leur histoire (parfois de leur propre vécu de l'infidélité !), de leurs croyances et de leur conception du couple. Dès lors, leur opinion peut être biaisée, culpabilisante ou décevante par rapport à l'aide qu'on attend d'eux. De plus, le parent peut être amené à dire des choses négatives sur le conjoint, révélant parfois des sentiments à son égard qu'on ne soupçonnait pas. Non seulement ces avis et jugements créent plus de confusion que de clarté, mais on en garde souvent l'empreinte, même si les choses rentrent dans l'ordre. Si la relation de couple reprend, ces indiscrétions risquent de parasiter la relation du conjoint envers ses beaux-parents.

Dans le témoignage précédent, Martha a choisi de ne rien dire, ni à sa mère ni à ses enfants. Elle ne s'est ouverte qu'à quelques amies soigneusement sélectionnées. En conséquence, c'est relativement seule qu'elle a dû affronter la tourmente. Mais aujourd'hui, alors que son couple va beaucoup mieux, elle mesure la sagesse de cette décision : elle connaît le caractère latin de sa mère, qui a tendance à s'emporter pour un rien ; elle n'aurait pas pu s'empêcher de mettre son grain de sel et aurait à coup sûr compromis les efforts de reconstruction du couple. De plus, par ses attitudes de défiance vis-à-vis de son gendre, elle aurait mis la puce à l'oreille de ses petits-enfants, ce que Martha ne souhaitait pas, afin de ne pas altérer l'image que ses enfants avaient de leur père.

Ce qui est vrai pour les parents l'est également pour les amis. Ils offrent une écoute attentive, mais il n'est pas rare que certains se sentent pris au piège d'un conflit de loyauté envers l'autre conjoint qui est également un(e) ami(e). Il leur est difficile de prendre parti pour quelqu'un qu'ils apprécient et se sentent parfois pressés par la personne trompée qui cherche, plus ou moins consciemment, à faire d'eux des alliés. Ils peuvent aussi être gênés d'entendre des confidences un peu trop intimes.

Étonnamment, certains se trouvent menacés par le récit de la relation extraconjugale, au point de réagir négativement ou de prendre de la distance. Tel est le cas lorsqu'ils sentent eux-mêmes fragile leur relation de couple. Le récit de l'infidélité les déstabilise, ou les inspire, ou les renvoie à leur propre relation extraconjugale !

Que dire aux enfants ?

Les avis des psy sont unanimes : l'enfant n'a rien à gagner à être mis au courant des soucis conjugaux de ses parents. Si, à l'issue de la découverte de l'infidélité, les parents ne prennent pas la décision de se séparer (et si, par chance, les enfants ne sont au courant de rien), la sagesse dicte de ne rien leur dire, même après coup. C'est une affaire d'adultes qui ne concerne pas l'enfant, à moins, évidemment, que la relation extraconjugale ne soit un secret de polichinelle au sein de la famille. Dans ce cas, le silence et le semblant sont une insulte à son intelligence et il est préférable de l'informer de la situation.

Lorsqu'il devient nécessaire de parler à l'enfant de ce qu'il se passe entre ses parents, il est indispensable de prendre son temps et de réfléchir à ce qu'on va lui dire, particulièrement quand les parents prennent la décision de se séparer. L'enfant attend qu'ils lui offrent un cadre rassurant et fiable où sa sécurité fondamentale est préservée. Si on doit lui parler, il faut savoir anticiper ses questions, afin de lui donner les réponses les plus précises et les plus claires possibles. Il en a viscéralement besoin.

Une dernière recommandation : si la relation extraconjugale n'est pas connue du conjoint, ou si elle a déjà été révélée mais que, pour une raison ou pour une autre, elle se poursuit, il est capital que le parent n'implique pas son enfant dans cette relation. Il l'enfermerait alors dans un conflit de loyauté vis-à-vis de son autre parent. Cela ne peut lui être que préjudiciable.

« Mon père a été d'une inconséquence hallucinante ! se souvient Christophe. Nous étions en vacances en Italie en famille et, à l'occasion d'une absence de ma mère pour une excursion à Florence, il m'a exposé de plein fouet à la relation qu'il entretenait avec une jeune femme de ce club de vacances. J'étais si mal à l'aise et je me suis senti si honteux et coupable vis-à-vis de ma mère que j'en garde aujourd'hui un souvenir très douloureux. Un père ne devrait jamais mettre son enfant dans une telle situation. Les parents doivent protéger leurs enfants de leurs conflits de couple ! »

La croisée des chemins

Les cartes sont désormais sur table et une question s'impose : que faisons-nous de notre couple maintenant ? À moins que la personne trompée n'ait demandé à son (sa) partenaire de quitter immédiatement le domicile, il faut apprendre à continuer à vivre l'un avec l'autre, parfois sous le regard des enfants. Il faut continuer à agir ensemble au quotidien, effectuer les taches ménagères habituelles, dormir dans la même chambre, dans le même lit... Rien n'a changé, extérieurement, et pourtant tout est différent : le sentiment de sécurité, de stabilité et de prévisibilité qui caractérisait le foyer s'est soudain évanoui et on se sent bizarre à vivre ainsi.

À ce stade, tout est possible : le pire comme le meilleur. Même si, pour certains, la séparation est la seule et unique solution, il n'en reste pas moins que pour la majorité des personnes (trompées ou infidèles), c'est le doute et l'incertitude qui prédominent. Chacun reste indécis pendant des semaines, voire des mois durant lesquels on ignore dans quelle direction le couple va finalement s'engager.

Sauf circonstances particulières, il n'y a aucune urgence à prendre une décision définitive. Selon l'enquête du site aufeminin.com, « le moindre dérapage, si exceptionnel soit-il, implique forcément une remise en question de la relation : 57 % profitent de l'occasion pour faire le point sur leur couple, quand 25 % préfèrent rompre purement et simplement ». Au regard des enjeux, considérables, cette remise en question demande impérativement du temps.

Une position d'insécurité

Certes... mais le quotidien est difficile : chacun se sent sous le regard inquiet ou inquisiteur de l'autre. Même si la personne trompée manifeste de la colère envers son (sa) partenaire, elle est beaucoup plus fragile qu'elle n'y paraît : elle se sent jaugée et comparée à « l'autre » dans ses attitudes, son apparence physique, son intelligence... Elle ne sait plus sur quel pied danser pour ne pas infléchir les choses en sa défaveur. Sa plus inquiétante interrogation est de savoir ce qu'il est advenu de la relation extraconjugale depuis sa découverte : « Mon conjoint a-t-il parlé à son amante ? Comment a-t-il (elle) réagi ? Qu'ont-ils décidé ? Va-t-il vraiment renoncer à cette personne, comme il me l'a promis ? » Ou encore : « Je sais qu'il voit cette collègue de travail tous les jours, comment croire que leur histoire va s'arrêter simplement parce que je lui ai demandé ! Comment le savoir ? »

De son côté, la personne infidèle ne sait plus à quel saint se vouer. Alors que le secret lui permettait de faire coexister les deux relations, la découverte de son infidélité la contraint à d'impossibles prises de position : un jour, son cœur va vers l'autre personne, le lendemain vers son (sa) partenaire. Elle se demande : « Comment choisir ?... Mais pourquoi faut-il donc choisir ?! »

Les stratégies d'adaptation

C'est dans ce contexte que chacun élabore, avec plus ou moins de bonheur, des stratégies d'adaptation. Cela inaugure un temps de concessions, de négociations et de compromis. Certains sont constructifs et aident le couple à avancer, d'autres sont beaucoup moins fonctionnels et créent plus de confusion qu'ils n'apportent de solutions.

Faire comme si

Certains couples décident de faire comme si rien ne devait changer, alors même que la relation extraconjugale a été découverte. Ce n'est pas du déni, car cette relation est désormais reconnue officiellement par les deux partenaires, même si la décision de ne plus en parler est prise tacitement. Aucun des deux ne souhaite une séparation et le silence permet de ne pas s'aventurer sur un terrain trop glissant – qui obligerait à prendre des décisions qu'on ne souhaite pas prendre.

Contre toute attente, ce compromis peut être viable : de nombreux couples vivent de façon relativement harmonieuse sur ce mode et, si aucun des deux n'en souffre, un équilibre satisfaisant peut s'instaurer. Néanmoins, on constate fréquemment que, si l'un y trouve son compte, l'autre se soumet davantage à ce compromis qu'il ne l'accepte véritablement.

« Maryse ne me parlait pas de la relation que j'avais avec Paule, explique Stéphane. Je ne lui en parlais pas non plus, mais je savais qu'elle savait. C'est vrai qu'ainsi je me sentais moins coupable : je n'avais pas à lui mentir. On avait trouvé un équilibre. Et voilà que, il y a cinq mois, elle m'a annoncé qu'elle aussi avait pris un amant ! J'étais bluffé ! Au début, j'avais du mal avec cette idée, mais finalement, ça fonctionne bien... On ne s'en parle pas, hormis des petites allusions ici ou là quand nous devons négocier des absences pour les vacances ou les week-ends. Je ne sais pas combien de temps cet arrangement va durer mais, en tout cas, on n'a jamais envisagé de se séparer. »

« J'accepte sa relation, confie Sandrine avec sérénité. Il se satisfait sexuellement avec cette femme, alors que moi, cela fait bien longtemps que le sexe avec lui ne m'intéresse plus : c'est elle qui passe à la casserole et ça m'arrange bien ! Je ne suis même pas jalouse ! De l'autre côté, on continue la vie qu'on mène depuis treize ans et cela me convient parfaitement : on y trouve notre compte tous les deux. Je ne pense pas que nos enfants soient au courant de cette situation ; ils ne comprendraient pas. Mais de toute façon, cela ne les regarde pas ! »

« Il a été très clair : c'est à prendre ou à laisser, se résigne Nathalie. Si je le confronte à sa relation avec cette autre femme, il brandira immédiatement la menace d'un divorce et il sait que cela me fait très peur. Il sait que je suis trop attachée à notre vie de famille pour la mettre en danger. Alors je me tais et je fais comme si… »

Veiller à ne pas se nier

Certains compromis sont acceptables, d'autres créent des situations intenables psychologiquement. Certains arrangements vont tellement à l'opposé de ce qui est bon ou juste pour l'un des partenaires que les accepter revient à se nier, comme le raconte Emmanuel :

« Mon épouse m'a proposé ce marché : "Tu restes habiter ici et tu gardes ainsi le lien avec tes enfants. Moi, je reste aussi à la maison ; on cohabite en amis mais je continue ma relation avec Cédric." J'étais tellement malheureux et déboussolé que j'ai failli accepter : je ne voulais pas vivre sans mes enfants. Mais je me suis rapidement repris quand j'ai vu l'absurdité de ce qu'elle me proposait : c'était me nier moi-même, délibérément ! »

Le rapport de force est parfois inégal : la personne trompée a souvent plus à perdre que son conjoint, que ce soit au niveau émotionnel ou matériel. Donc elle a tendance à se soumettre à ses demandes ou exigences, dans l'espoir de le récupérer si elle y accède. Mais il faut être vigilant vis-à-vis de soi et garder sans cesse cette question à l'esprit : est-ce que je me respecte quand j'accepte ce qu'il (elle) me demande ?

Quand Pascal demande à Maud de lui accorder un mois de réflexion pour décider s'il choisit de rester avec elle ou de vivre avec sa maîtresse, le contrat paraît clair : cela pourrait effectivement permettre à Pascal de revenir vers son épouse. En réalité, le pari est non seulement risqué, mais il place Maud dans une position étrange où elle se retrouve à offrir à son mari la possibilité de la quitter ! Si Pascal opte finalement pour sa maîtresse, Maud aura, d'une certaine manière, délibérément créé les conditions de son propre abandon… De plus, cette requête de Pascal ne vise pas vraiment à la reconstruction de leur couple : elle ne sert que ses intérêts et ne prend pas en compte le ressenti et les besoins de Maud. La question de Pascal n'est pas : « Qu'est-ce qui est bon pour notre couple ? » mais plutôt : « Qu'est-ce qui est bon pour moi ? » Quelles chances véritables cette requête donne-t-elle à leur relation ? Cela mérite réflexion de la part de Maud…

Rechercher des compromis pour négocier cette période délicate ne doit conduire ni à bafouer ses propres valeurs ni à aller au-delà de ses limites. Que l'on soit la personne trompée ou la personne infidèle, il ne faut pas s'abandonner soi-même, par crainte d'être abandonné. Dans ce cas de figure, on pourra, après coup, s'en vouloir de s'être trop oublié pour reconquérir l'amour de son conjoint. C'est ce qu'a ressenti Élisabeth :

« J'étais prête à tout pour le récupérer. J'ai accepté qu'il parte une semaine en vacances avec elle aux Maldives ; il me disait que c'était pour terminer correctement leur histoire. Mon Dieu que j'étais naïve ! Quand il est revenu, il m'a dit qu'il avait bien réfléchi et qu'il me quittait pour vivre avec elle ! Je me suis sentie le dindon de la farce. Je ne pouvais même pas lui faire de reproches car j'avais accepté qu'il parte en vacances avec elle ! Je m'étais sabotée moi-même ! Je ne sais pas contre qui j'étais le plus en colère : contre lui, de m'avoir fait ce coup-là, ou contre moi, d'avoir accepté l'inacceptable ! »

« Avec le recul, je n'arrive pas à comprendre comment j'ai pu étouffer en moi ce que je ressentais, se souvient Benoît. Ma femme m'a demandé de lui laisser notre appartement pour recevoir son ami durant tout un week-end : elle voulait faire le point avec lui, me disait-elle. Je me suis retrouvé à dormir sur un canapé chez des amis qui me regardaient avec des yeux ronds, effarés que j'aie accepté cet incroyable marché ! Moi, cela me paraissait normal : j'aurais tout fait pour la retrouver. Patricia est effectivement revenue à moi et les choses se sont arrangées entre nous mais, en dépit des années qui se sont écoulées, je garde toujours en moi une espèce de honte vis-à-vis de moi de m'être autant écrasé sans rien dire... »

Alors, que décider ? Faut-il accepter la relation extraconjugale de son conjoint et donner du temps au temps ? Faut-il exiger son arrêt immédiat ? Faut-il tolérer un temps de transition et de négociations ?... Il n'y a pas de réponse toute faite : tous les cas de figure existent avec des issues plus ou moins heureuses. Les situations les plus bancales et les compromis les plus tordus débouchent parfois sur des solutions harmonieuses. Chacun doit trouver ce qui est le plus juste pour lui-même, en veillant à ne jamais se négliger ni à se trahir.

À titre d'exemple des infinies possibilités de compromis mis en place par des couples dans les premiers temps après l'infidélité, voici les témoignages de Valérie, 49 ans, et de Liliane, 53 ans [1] :

1. Ces témoignages ont été trouvés sur un forum de discussion sur internet (les noms et certains détails ont été modifiés).

Valérie : « Je suis mariée depuis plus de vingt ans, heureuse, amoureuse. Notre couple fait envie : nous donnons l'image d'un beau couple – ce que nous sommes, d'ailleurs. En mai dernier, j'ai découvert que mon mari aimait une deuxième femme. Ma première réaction ne fut pas la colère, mais une immense déception. Je pensais que ses valeurs l'empêcheraient de succomber à ses désirs, que son amour pour moi le comblait complètement !
Après de nombreuses discussions, je lui ai demandé de choisir entre elle ou moi. Il a pris la décision de vivre ses deux amours et moi, j'ai pris la décision de continuer à vivre avec lui, d'accepter le fait que je ne comprends pas ce qu'il vit, de continuer à l'aimer avec mes interrogations et mes questions sans réponse. Je l'aime, je veux vivre avec lui. Il m'aime et il me dit qu'il ne peut pas vivre sans moi : je suis ses racines. Son deuxième amour n'empiète pas sur le mien : il n'y a pas de vases communicants. Cet amour est un supplément. Il n'envisage pas de vivre avec son “amoureuse”. Il a besoin de moi. Ce n'est pas du baratin : nous n'avons jamais autant dialogué, on ne s'est jamais autant aimés, je n'ai jamais eu autant de plaisir… Nous avons redécouvert le plaisir du baiser, nous n'avons jamais autant respecté les désirs de l'autre.
Tout va donc pour le mieux. Oui mais… Il y a la tête et le cœur. Ma tête accepte beaucoup de choses, mais mon cœur a plus de mal. Je n'arrive pas à être totalement heureuse. Je suis jalouse, en fait : jalouse qu'il puisse dire “Je t'aime” à une autre que moi. Qu'il ait besoin de quelqu'un d'autre pour être totalement heureux. J'ai du mal à partager. Je sais qu'il ne m'appartient pas, mais l'idée qu'il partage sa nudité me rend triste car, pour moi, la nudité est la chose la plus intime qui soit. Et surtout j'ai peur : peur qu'il passe plus de temps avec elle, peur qu'il s'attache de plus en plus à elle et qu'il se détache de moi. J'aimerais bien pouvoir échanger car je n'ai personne

avec qui parler de ça. En fait, le peu de personnes à qui j'en ai parlé ont eu une réaction violente et tranchée : “Laisse-le tomber. Il faut qu'il choisisse.” Ce n'est pas ce que je veux. Je n'en parle donc plus. »

Liliane : « Le ciel m'est tombé sur la tête quand mon mari m'a avoué être tombé follement amoureux d'une jeune fille russe de 25 ans. Il me dit que c'est irrationnel, que cela n'aurait jamais dû arriver car tout va bien dans notre couple, que je suis la femme de sa vie, qu'il ne comprend pas ce qui se passe en lui mais qu'il faut qu'il vive cette passion jusqu'au bout. Depuis, nous sommes toujours ensemble mais c'est très difficile d'accepter l'inacceptable !
Il est présent physiquement mais totalement avec elle dans sa tête. Il lui téléphone tous les jours. Il s'est offert une semaine de vacances là-bas et je dois dire que c'est douloureux. Mais je l'aime tellement que je n'envisage pas la vie sans lui. Nos deux enfants, qui sont encore jeunes, ne sont pas au courant mais ils sentent bien que quelque chose d'anormal se passe. Je suis assez désemparée. J'ai très peur qu'il ne puisse plus se passer des moments idylliques qu'il vit avec elle. Je survis grâce à mes amies qui sont là dès que je craque pour m'aider et me soutenir… Je ne sais pas comment vivre mieux cette situation difficile car elle est frustrante et profondément humiliante. »

Quand la séparation est inéluctable

Je ne vais pas aborder en détail le processus psychologique et émotionnel de la séparation, c'est le sujet d'un de mes précédents ouvrages, *Le Couple brisé, De la rupture à la reconstruction de soi*, auquel je vous renvoie. Néanmoins, certains points sont à préciser en ce qui concerne la rupture après l'infidélité.

Il faut être deux pour reconstruire un couple après le choc d'une relation extraconjugale. Quand l'un des deux partenaires manque à l'appel, cela sonne le glas du couple. Si intense que puisse être le désir de restaurer la relation, si l'un des conjoints n'est pas sur la même longueur d'onde, on livrera une bataille perdue d'avance.

Il est possible, par exemple, que l'annonce de l'infidélité ne soit qu'une manière de quitter un mariage auquel le (la) partenaire infidèle ne croit plus (nous reviendrons sur les différents types de relations extraconjugales au chapitre 3). Il (elle) choisit de poursuivre sa route avec l'autre personne et sa décision est sans appel, quoi que son (sa) partenaire puisse faire ou dire ; cette dernière n'a pas d'autre choix que de s'engager dans un divorce qu'elle ne désire pas. À l'inverse, il arrive que la personne trompée ait tellement perdu confiance en son (sa) partenaire qu'il lui est totalement impossible de rester avec lui (elle) : elle enclenche le processus de séparation car elle ne voit plus d'issue. Enfin, il arrive que les deux partenaires se soient résolument engagés dans une démarche sincère de reconstruction mais se rendent compte que, malgré leurs efforts, « ça ne marche pas » : la séparation s'impose d'elle-même. Il en va de même quand l'un des deux est peu convaincu de la possibilité d'une reconstruction : dès que surgissent les inévitables difficultés sur ce chemin de reconstruction, il (elle) baisse les bras et jette l'éponge.

Une séparation à l'essai ?

On parle de séparation : doit-elle obligatoirement être définitive ? Pas nécessairement : qu'elle soit clairement définie comme provisoire ou que le couple revienne, dans un deuxième temps, sur son caractère définitif, une « séparation à l'essai » permet de prendre un recul salutaire au niveau psychologique et/ou émotionnel. Elle offre un temps de réflexion qui permet de se rendre compte si on se sent mieux sans son ou sa partenaire ou si, au contraire, on tient plus l'un à l'autre qu'on ne le croyait.

Quand la séparation est définitive

La séparation se révèle parfois définitive et c'est alors un âpre chemin qui s'ouvre devant soi. Il serait faux de croire qu'il ne concerne que la personne trompée ; en effet, contre toute attente, certaines personnes infidèles ne refont pas nécessairement leur vie avec la personne avec laquelle elles entretenaient la relation extraconjugale. Dans ce cas, elles doivent faire le deuil de ces deux relations qui s'achèvent de façon concomitante.

Que vit la personne trompée... et quittée ? Hormis les problèmes financiers qui font inévitablement suite à un divorce, elle doit faire face à l'amertume.

> « J'ai toujours donné le meilleur de moi-même dans notre relation. Aujourd'hui, tout cela n'existe plus et je ne peux strictement rien y faire. Cette décision m'est imposée et c'est profondément injuste de me dire que ma sincérité et mon amour ont été détruits uniquement pour rendre possible le bonheur que vit actuellement mon ex-mari avec sa nouvelle compagne. J'ai du mal à avaler cela. »

En dépit de tout, il est rassurant de constater que, après un incontournable temps d'adaptation, la majorité des personnes quittées s'en sortent bien – voire très bien ! Même si certaines restent blessées à tout jamais, la plupart gagnent en liberté, en indépendance, en autonomie et même en sagesse.

> « Ça va peut-être vous paraître fou de m'entendre dire ça, prévient Sylvie, mais je remercie la maîtresse de mon mari d'avoir contribué à la fin de notre mariage ! J'ai été

complètement sonnée durant la première année, mais j'ai progressivement senti en moi une énergie et une force que ma vie de couple n'avait jamais rendues possibles : j'ai commencé à vivre en phase avec moi-même, avec mes besoins, mes aspirations, mes talents et je suis devenue aujourd'hui une personne que je n'aurais jamais pu être si j'étais restée avec mon mari. Alors je le dis haut et fort : merci à cette femme ! »

« Je dois reconnaître que j'en ai voulu pendant longtemps à mon épouse de m'avoir abandonné pour cet autre homme, dit Bruno. J'ai souffert pendant au moins deux ans et je nourrissais en moi un désir de vengeance un peu malsain. Jusqu'au jour où j'ai compris que ma plus belle revanche était de vivre le plus pleinement possible ! Avec l'aide de mon psy, j'ai commencé à explorer les potentiels que j'avais négligés en moi et, s'il y a toujours un désir de vengeance en moi, il s'exprime dans le plaisir que j'ai à montrer à mon ex combien je suis heureux et épanoui ! »

Pour la personne trompée, le fait d'être quitté(e) après la révélation de la relation extraconjugale comporte une difficulté supplémentaire, comme le souligne Shirley Glass : « Ce qui manque parfois à la personne trompée pour lui permettre d'avancer dans sa reconstruction, c'est l'absence de fin nette. Elle reste avec des questions sans réponses, ce qui peut être tout simplement insupportable : elle ignore les tenants et aboutissants de la relation extraconjugale, les motivations de son partenaire et les éventuels reproches qui lui sont adressés [...]. Elle doit tout élaborer dans son coin, sans l'aide du principal protagoniste, qui lui apporterait un éclairage essentiel sur la situation.

« Si vous êtes la personne qui part, sachez que le ou la partenaire que vous quittez peut réellement avoir besoin de vous : cette personne a besoin de vos explications ; cela va l'aider à mettre de l'ordre dans ses pensées, car vous êtes dépositaire d'informations importantes qu'elle a besoin de connaître [...]. Elle est profondément atteinte dans son estime d'elle-même et vos explications (aussi difficiles soient-elles à entendre et à énoncer) vont lui permettre de donner du sens à ce qu'elle vit [...]. »

Choisir de rester

Ce livre, je l'ai dit, s'appuie sur la conviction que la relation extraconjugale, si déstabilisante soit-elle, ne signe pas nécessairement l'arrêt de mort du couple. Cette crise porte potentiellement la promesse d'un retour l'un vers l'autre, voire d'un renouveau de la relation, l'amenant à un niveau qu'elle n'avait pas atteint jusque-là.

En développement personnel, quand on parle d'une crise (quelle qu'elle soit) survenant au cours de l'existence, on évoque souvent l'idéogramme chinois qui désigne le mot « crise ». Celui-ci se décompose en deux sous-idéogrammes : l'un signifie « danger », l'autre « opportunité ». Après l'infidélité, il y a certes le danger d'une rupture définitive, mais il existe aussi une opportunité de progrès pour les deux partenaires dans le cadre d'une relation qui pourra potentiellement se restaurer à un niveau supérieur.

Voilà donc l'option que j'ai choisie pour la suite de ce livre. Est-ce une utopie ? Je ne crois pas, car je me fonde sur l'histoire des personnes que j'ai rencontrées pour affirmer cette proposition :

> « J'ai 53 ans, confie Marie. Lorsque j'ai appris, après vingt-cinq ans de mariage, l'infidélité de mon mari, tout s'est écroulé. Lui aussi était très perturbé ; il ne savait plus où il en était, même s'il assumait que ce mal-être était de son fait. Il était consumé de culpabilité et moi, j'avais perdu

tous mes repères. Nous étions vraiment malheureux. Nous avons parlé pendant des jours et des jours, pendant des semaines et des mois, et cela nous a révélé la profondeur de notre attachement l'un pour l'autre. Nous avons pris la pleine mesure de ce que nous perdrions si nous nous séparions, car effectivement j'étais à deux doigts de partir. Nous avons alors décidé de nous donner une chance et, après maints accidents de parcours, nous sommes redevenus les amants que nous avions cessé d'être depuis des années. Je redécouvre avec lui une tendresse et un désir que je croyais morts. Je ne me fais pas d'illusions : tout n'est pas rose, il y aura encore des hauts et des bas entre nous, mais cette terrible épreuve nous a démontré que nous pouvons tout transcender ensemble. Notre amour est trop précieux pour ne pas se battre pour lui. »

Martha, dont nous connaissons déjà le témoignage, raconte la même chose : il est possible de se reconstruire ensemble après une relation extraconjugale. Une issue favorable est tout sauf le fruit du hasard : elle relève d'une décision commune et de l'engagement sincère dans un travail de fond. Elle implique aussi de poser de nouvelles bases dans le fonctionnement du couple, afin de ne pas recréer les mêmes conditions que celles qui ont engendré l'infidélité.

Il va ainsi falloir du temps (un à deux ans), de l'énergie et beaucoup de patience pour rétablir la confiance et accéder au pardon. Mais cela en vaut la peine. Ce ne sera évidemment pas un processus linéaire, plutôt « un pas en avant, deux pas en arrière ». Il s'opposera à de multiples résistances et sera truffé de doutes et de décourageants allers et retours…

Si vous faites preuve de détermination, viendra un temps où cette infidélité ne sera plus le point de focalisation de votre relation : vous serez au-delà, restauré(e) dans votre estime de vous-même et dans la confiance que vous accordez à votre compagnon ou à votre compagne. Vous aurez trouvé les moyens de répondre aux questions qui vous ont peut-être conduit à entrer initialement dans cette relation extraconjugale, trouvant dans votre couple d'autres façons d'y apporter une réponse. Dans le meilleur des cas, vous aurez compris ce que vous y cherchiez et cette conscience vous ouvrira à d'autres choix au sein même de votre relation.

Au nom de l'amour qui vous a un jour unis, si celui-ci n'est pas complètement mort, je vous invite à vous engager résolument dans cette démarche. La séparation n'est pas une fatalité. Ce n'est pas nécessairement la meilleure solution à l'épreuve qui s'abat sur vous : vous avez pour alliés votre histoire commune et tout ce que vous avez construit jusqu'à maintenant. Donnez-vous un peu de temps pour examiner votre relation comme jamais vous n'avez pris le temps de le faire auparavant… Oui, donnez-vous cette chance, et même si, aujourd'hui, cette probabilité vous semble bien faible, ouvrez-vous le plus sincèrement possible à la chance de vous retrouver un jour dans l'étreinte d'un amour encore fort. Un amour d'autant plus profond et d'autant plus précieux que vous l'aurez choisi une seconde fois en connaissance de cause.

III

SE RECONSTRUIRE APRÈS L'INFIDÉLITÉ

« Pendant des années, nous étions le couple idéal, se souvient Charlotte. L'année dernière, mon mari m'a révélé qu'il était tombé amoureux d'une collègue ; ils se voyaient régulièrement depuis un an et demi. Tout s'est effondré ; je n'arrivais pas à y croire. Ça nous a précipités dans un tourbillon de reproches, d'accusations et de disputes interminables, mais, en même temps, on s'est parlé comme on ne l'avait jamais fait auparavant – comme si nous n'avions plus rien à perdre. Il m'affirmait qu'il n'y avait que de l'amitié avec cette femme mais je n'arrivais pas à le croire. Il est resté avec elle pendant encore six mois puis ils se sont fâchés et il l'a quittée. Là s'est posée la question de nous retrouver. Il nous a fallu deux bonnes années avant de nous reconsidérer à nouveau comme un couple. Aujourd'hui, je sais que ces efforts ont été la plus belle preuve d'amour que nous nous sommes jamais donnée. »

« J'ai découvert l'infidélité de mon mari juste après mon accouchement, se souvient Marjolaine. Mais j'ai choisi de ne rien dire car il y avait ce bébé et je ne voulais pas l'élever seule. J'ai donc décidé de fermer les yeux et notre relation a continué ainsi pendant dix mois. Il savait que je savais et on alternait disputes et moments de sérénité. Et puis, finalement, ça a explosé et nous nous sommes séparés, sans pour autant divorcer. Je dois reconnaître que cela m'a fait du bien : je me suis ouverte à d'autres choses et à d'autres hommes, même si j'étais une jeune maman. Un an après, mon ex-mari est revenu vers moi ; il m'a refait la cour et a ouvert son cœur sur ce qu'il s'était passé pour lui lors de cette infidélité. Il m'a demandé pardon et, de mon côté, j'ai tenté de retrouver confiance en lui. C'était loin d'être facile, mais on y est arrivés, et aujourd'hui, nous sommes unis comme jamais. »

« On a tout essayé, mais ça n'a pas marché, reconnaît Patrick. Elle n'arrivait pas à me refaire confiance et moi, je n'arrivais plus à éprouver du désir pour elle. Pourtant, on s'aimait et on s'entendait superbien ; on avait besoin l'un de l'autre, mais ça ne suffisait pas, apparemment. C'était une belle histoire et j'ai tout fichu en l'air. »

Les histoires de Charlotte, Marjolaine et Patrick illustrent la difficulté de se reconstruire après une infidélité. Certains y parviennent, d'autres pas, en dépit des efforts déployés et de la bonne volonté.

Un temps d'incertitude

Le tsunami est passé et on a survécu. Néanmoins, rien n'est joué ; tout est extrêmement fragile et peut basculer d'un côté ou de l'autre : le moindre faux pas peut annuler les efforts de plusieurs mois ; la situation reste longtemps précaire et incertaine. Le fait de décider de rester ensemble et d'œuvrer à reconstruire la relation ne signifie pas que tout redevient facile en un instant. Il va falloir des années pour nettoyer les dégâts de ce tsunami et, pendant ce temps, apprendre à vivre parmi les décombres, dans l'inconfort des baraquements. Car comment vivre ensemble, au jour le jour, alors que l'on est dans le stress et la souffrance ? Comment affronter la colère, le ressentiment, la méfiance, le désir de faire mal, l'incapacité à pardonner ? Comment adhérer au désir de reconstruire la relation, alors même qu'on ne se sent pas très amoureux, ni pas particulièrement aimé ?

Un triste compromis serait de se reconstruire en demi-teinte, comme si rien n'avait changé, comme si rien n'avait besoin de changer :

> « Mon mari a rencontré cette fille à son travail, explique Marianne. J'ai découvert leur liaison à cause d'une maladresse d'un de nos amis. Mon mari a été très clair avec moi : il ne quitterait jamais cette femme. Il ne voulait pas divorcer, mais j'étais libre de partir si je le désirais. J'ai choisi de rester – en réalité, j'étais obligée de rester : je n'avais pas de formation professionnelle, pas de revenus et je ne voulais pas que nos enfants vivent le divorce de leurs parents. Alors j'ai fait semblant et on a continué notre vie de couple, tandis que lui poursuivait son autre vie en parallèle. Personne n'était au courant et je souffrais seule dans mon coin de cette situation. Un jour, cette fille l'a quitté pour un autre homme et mon mari est revenu sans me donner la moindre explication sur ce qui s'était passé. Depuis, on continue ensemble mais j'ai cette blessure en moi – on n'en parle jamais, comme si rien ne s'était passé. Je ne suis pas heureuse, il n'est pas heureux, mais on reste ensemble... Un beau gâchis, vous ne trouvez pas ? »

Même si ce chapitre aborde la reconstruction du couple après l'infidélité, il ne faut pas être aveugle ni naïf : cette reconstruction n'est parfois pas souhaitable. Il peut être préférable d'envisager une séparation car, tout comme Marianne, on risque de se condamner à une vie de compromis où on abandonne tout espoir de bonheur conjugal – ou de bonheur tout court.

Les obstacles à la reconstruction

S'il y a des conditions à réunir pour se donner toutes les chances de succès, il ne faut pas méconnaître que de nombreux obstacles se dressent devant soi. Ainsi, avant d'aborder les voies de reconstruction, il est indispensable d'explorer les résistances qui s'y opposent. Si on est conscient des forces qui entravent la restauration du couple, on parvient plus facilement à les dépasser.

L'obstacle quasi constant chez les deux partenaires est l'ambivalence. L'ambivalence est le fait d'éprouver pour quelqu'un à la fois des sentiments positifs et des sentiments négatifs. On ne sait plus ce qu'on veut : partir ? rester ? aimer tout en haïssant ? haïr tout en aimant ?... L'ambivalence est véritablement épuisante à vivre au quotidien.

Comme le souligne Don-David Lusterman, la plupart des couples qui traversent l'épreuve de l'infidélité commencent le processus de reconstruction avec un puissant sentiment d'ambivalence au fond du cœur. Il est d'autant plus important de faire le choix de s'engager dans la démarche de reconstruction avec détermination. Même si l'ambivalence est extrêmement forte au début, elle n'augure pas nécessairement d'un échec à venir.

Les obstacles qui sont du fait de la personne infidèle

Le souhait de préserver un lien

La personne qui a été infidèle éprouve des difficultés à se couper d'une personne avec laquelle elle a été si bien. Son souhait de poursuivre cette relation traduit sa réticence à perdre ce qu'elle en tirait de positif. Nous avons déjà vu l'injustice inhérente à la comparaison entre la relation officielle et la relation extraconjugale : l'une ne fait pas le poids par rapport à l'autre à de nombreux égards – il n'y a pas les contraintes du quotidien, on y trouve la délicieuse intensité du transport émotionnel, de la fusion amoureuse, on nourrit l'espoir de devenir quelqu'un de différent… Si la personne ayant été infidèle reste fixée sur ces points de comparaison, elle érige un obstacle difficilement franchissable.

Au-delà des comparaisons, il peut être difficile de choisir entre l'excitation, les promesses d'une nouvelle vie et la stable sécurité de la relation de couple. La personne infidèle trouve dans les deux situations de grands bénéfices et, à ses yeux, renoncer à l'une ou à l'autre équivaut à se couper d'une partie d'elle-même… Faut-il donc obligatoirement couper ce lien ? Dans l'absolu : non ; mais il est indéniable que la persistance de ce lien, même s'il devient platonique, sera toujours source d'inquiétude et de doute pour la personne trompée. Même si elle n'a pas le choix (parce que l'autre personne est un(e) collègue, par exemple), elle reste sous le joug de la peur et de la méfiance. Cela n'est pas favorable à une reconstruction sereine.

Autre cas de figure : même si la personne infidèle affirme à son conjoint qu'elle a coupé les ponts avec l'autre, elle peut parfois la garder secrètement « sous le coude », au cas où les tentatives de reconstruction du couple échoueraient. Elle se ménage une solution de repli. Cette stratégie de « gestion du risque » biaise le processus de reconstruction car la personne ayant été infidèle ne se rend pas pleinement disponible. Il en va de même si l'un ou l'autre des partenaires consulte un avocat en secret pour ménager ses arrières « au cas où »… Si elles sont découvertes, ces démarches jettent un doute, chez l'un ou l'autre, sur le désir d'investir à nouveau la relation.

La difficulté à s'ouvrir à son conjoint

Certaines personnes trompées ne souhaitent pas avoir de détails sur la relation extraconjugale. Beaucoup cependant éprouvent le besoin d'en connaître.

Cela représente pour eux un élément important dans la reconstruction de leur couple. Quand le conjoint trompé exprime ce souhait et que son ou sa partenaire hésite ou refuse de révéler certains aspects de sa relation extraconjugale, le doute s'installe : que me cache-t-il (elle) ? Suis-je moins bien ? moins intéressant(e) ? moins sexy ? Le silence ou les évitements de toute question de la part de la personne infidèle peuvent fragiliser le processus de reconstruction car la personne trompée s'inquiète, en fantasmant en boucle sur les raisons de ces non-dits.

L'impatience

Le processus de reconstruction prend du temps – beaucoup de temps – et face aux reproches ou aux questions de la personne trompée, la personne infidèle peut perdre patience, ce qui peut aussi être le reflet de sa colère d'avoir dû interrompre sa relation extraconjugale. Dans certains cas, l'impatience est l'expression d'une déception à ne pas être rapidement pardonné(e), surtout quand la révélation de la relation extraconjugale a été volontaire et spontanée et que le désir de réinvestir la relation a été clairement exprimé :

> « Je t'ai tout avoué. Ça y est, c'est bon : je suis là, non ? Alors pourquoi revenir sans cesse sur la même chose ? Il faudrait que tu y mettes aussi un peu du tien ! »

> « Je t'ai dit et je te répète à nouveau que je suis désolé ! Et pourtant tu continues à me harceler de reproches ! Est-ce que ça ne te suffit pas ? Tu veux quoi, là ? »

> « J'ai quitté cette femme, je reviens vers toi et je réponds à toutes tes questions. Qu'est-ce que tu attends de plus de moi ? »

« Pendant combien de temps vais-je devoir subir tes attaques culpabilisantes ? C'est stérile et ça ne résout rien ! Il faudrait que tu passes à autre chose, sinon on ne va jamais y arriver ! »

L'impatience est un piège redoutable qui peut miner tous les efforts.

Il est important de comprendre que le temps des deux partenaires n'est pas le même : l'un a pris sa décision – il a renoncé à l'autre personne et veut reconstruire au plus vite –, alors que la personne trompée doit d'abord digérer le traumatisme de l'infidélité. Elle doit apaiser ses émotions (choc, colère, anxiété…) avant de pouvoir envisager les choses de façon plus sereine et constructive. Même si elle souhaite la réconciliation, elle demeure sur ses gardes car elle craint de souffrir à nouveau. Elle maintient donc une posture de défiance et interagit avec son ou sa partenaire sur un mode défensif. Ce temps de métabolisation des émotions négatives peut sembler un peu trop long aux yeux de son (sa) partenaire : il (elle) s'impatiente, s'irrite, s'énerve au point parfois de reprocher à son conjoint de se complaire dans son « pathos ». Pire encore, il (elle) peut y voir la parfaite démonstration qu'il est vain de vouloir rester dans une telle relation ! Il (elle) se sent autant harcelé(e) et sous emprise…

L'impatience du conjoint infidèle peut être considérée comme une « stratégie » si l'on sait qu'elle est parfois vécue comme un manque d'empathie et de compréhension de la part de la personne trompée. Ce conjoint trompé pourra pardonner l'infidélité, il ou elle aura beaucoup plus de mal à pardonner le fait que ses émotions durant la période de reconstruction n'aient pas été reconnues. Il peut en résulter de l'amertume, un vécu d'incompréhension et une sourde rancœur. Il est donc essentiel de comprendre que la personne trompée va avoir besoin de temps pour s'apaiser et retrouver confiance : ce n'est qu'au fil du temps, à travers des petits actes concrets de la part de la personne ayant été infidèle qu'elle y parviendra. Même si c'est difficile à supporter au début pour la personne infidèle, il est important qu'elle accepte d'entendre les reproches et les accusations. Elles ne sont pas nécessairement destinées à lui « pourrir la vie », mais sont plutôt le reflet de la peine, de la peur et de l'insécurité de son (sa) partenaire blessé(e).

Le découragement

Pour reconstruire son couple, il faut y croire un minimum, même si l'ambivalence est forte. Si on part battu d'avance ou si on n'y croit plus, il est important d'exprimer ses doutes le plus rapidement et le plus ouvertement possible. En effet, certains (essentiellement les personnes ayant été infidèles) cachent leur découragement et leurs désillusions sur l'issue de la relation car ils craignent que leur conjoint ne les culpabilise et ne leur reproche de ne faire aucun effort. Par exemple, ils s'engagent dans une thérapie de couple… mais à reculons. Au quotidien, ils se braquent à la moindre contrainte et font preuve de mauvaise volonté. Cela ne fait que renforcer leur conviction que tout est irrémédiablement perdu. Si on sait, au fond de soi-même, que tout est déjà joué, autant mettre cartes sur table…

Pourtant, même dans ce cas de figure, rien n'est à tout jamais fixé dans le marbre : l'expérience montre que des situations qui semblaient objectivement désespérées ont finalement débouché sur une authentique restauration du lien d'amour. Rien n'est perdu tant qu'on n'y a pas renoncé définitivement…

Les obstacles qui sont du fait de la personne trompée

La peur

Pour la personne trompée, accepter de reconstruire le couple porte la menace de souffrir à nouveau si le conjoint la trompe une nouvelle fois à l'avenir. Chat échaudé, elle a peur d'avoir mal si elle rouvre son cœur et accorde de nouveau sa confiance. Certains ne parviennent jamais à baisser complètement la garde, tant est forte la crainte d'être éconduits à nouveau. La peur menant à la suspicion, d'autres n'arrivent plus à croire leur conjoint, estimant qu'il ou elle ne fait que noyer le poisson par ses promesses et ses discours rassurants. Une telle méfiance rend aléatoire toute dynamique de reconstruction car la personne trompée attend des preuves de changement, tout en les remettant immédiatement en question :

> « Elle me dit qu'elle a bien réfléchi et qu'elle souhaite préserver notre relation. Mais je crois qu'elle a surtout besoin de mon salaire. »

> « Si je lui refais confiance, ça va me rendre moins vigilante et rien ne me dit que, tôt ou tard, il ne recommencera pas à me tromper. »

> « Oui, il change, mais est-ce que ses changements d'attitude sont sincères ? Est-ce qu'il ne va pas revenir à ses démons dans quelque temps ? J'ai peur d'être manipulée. »

La peur est compréhensible ; c'est même une protection légitime. Mais elle risque parfois de tourner à la « parano », en générant des attitudes de défiance extrême qui se révèlent contre-productives. À force de se montrer trop suspicieuse, la personne trompée scie la branche sur laquelle elle est assise. Elle risque de devenir étouffante, ne laissant à son conjoint aucun espace de réflexion et de répit, et finalement, d'annihiler en lui (elle) tout désir de se réinvestir ! C'est ce qui se passe dans ces conversations éprouvantes qui durent jusqu'à 2 heures du matin ou ces confrontations incessantes à la recherche de preuves et de confessions. Ces attitudes épuisent les deux partenaires et les empêchent de respirer émotionnellement. Il est donc capital de ne pas laisser la peur prendre le pouvoir, car elle peut mener exactement là où on ne veut pas aller, à savoir vers une rupture définitive.

La colère et le ressentiment

L'amour rend aveugle, la colère aussi. Or, après l'infidélité, les raisons d'être en colère sont légion chez la personne trompée : elle en veut à son conjoint de sa trahison ou sa duplicité, de son impatience et son manque d'empathie, de sa trop grande empathie envers l'autre personne, de son ambivalence ou son manque d'entrain à reconstruire le couple… La colère n'est pas très loin de la peur que, bien souvent, elle dissimule. Et comme la peur, la colère rend trop rigide :

> « C'est maintenant à lui de jouer. Moi, j'ai fait l'effort d'accepter son infidélité et je n'en ferai pas un de plus. »

> « Elle est coupable : j'ai le droit de le lui faire sentir et de la mettre en face de ses responsabilités. Elle doit payer pour le mal qu'elle a fait à notre famille. »

> « C'est lui qui m'a trompée : c'est à lui de changer, pas à moi. »

Ces prises de position reflètent une indignation qui est légitime mais qui ferme la porte à tout espoir d'apaisement. Elles peuvent conduire au refus de reconnaître que l'autre fait sincèrement des efforts pour se faire pardonner : « Il faudrait en plus que je lui sois reconnaissante de ses efforts ? » Rien de tel pour tuer dans l'œuf toute velléité de changement !

La colère peut se muer en un désir de vengeance qui passe par le vœu plus ou moins conscient de punir l'autre. Si la personne trompée n'est pas vigilante, ce souhait peut prendre le pas sur le désir de reconstruction : elle s'investit tellement dans le désir de faire mal à son conjoint infidèle qu'elle en oublie de prendre soin de sa relation. Après une infidélité, la colère permet à la personne trompée d'exercer un pouvoir sur son conjoint, par le biais de la culpabilisation. Ainsi, après « l'outrage », certaines personnes trompées se sentent autorisées à accabler leur conjoint de tous les reproches, voire à l'humilier en public en révélant à sa famille et aux amis les aspects sombres de son infidélité. Il faut être prudent car une attitude trop répressive ou une culpabilisation trop massive peuvent conduire le ou la partenaire à renoncer à tout espoir de reconstruction. Si elle veut donner une chance à son couple, la personne trompée doit se donner des limites dans l'expression de sa colère et comprendre qu'être blessée ne l'autorise pas à tous les excès.

Dans une même logique, certains envisagent de punir leur conjoint... en le quittant. Ils imaginent sa détresse à se retrouver seul(e), éventuellement privé(e) de ses enfants ou de son cercle d'amis. Certes, l'autre va peut-être souffrir de cette situation, mais vouloir partir pour punir son conjoint infidèle revient parfois à se punir soi-même, en s'infligeant une double peine : subir le traumatisme d'une relation extraconjugale et s'imposer de surcroît la douleur d'une séparation (à soi et à ses enfants). Alors, si le désir de quitter l'autre se nourrit essentiellement de la volonté de le (la) punir, il est sage, là encore, d'y réfléchir à deux fois...

Si on veut se donner une chance de reconstruction, il faut accepter, à un moment donné, de renoncer à la colère et de passer de la posture de censeur à celle de pacificateur – un pacificateur qui œuvre pour le couple et non pas contre lui : il n'y aura pas de possibilité de pardon si la colère persiste indéfiniment.

Le doute

« Quand j'ai confronté Emma, preuves à l'appui (ses relevés téléphoniques), elle n'a pas cherché à me mentir, raconte Constantin, elle a reconnu les faits et elle a accepté d'arrêter sa relation avec cet homme. Je veux la croire sincère mais je suis rongé par le doute : si je n'avais rien découvert, sa relation ne se serait jamais arrêtée. C'est donc uniquement parce que je l'ai découverte qu'elle s'est interrompue. Cela me met mal à l'aise car j'ai l'impression qu'elle aurait pu continuer à me mentir ainsi pendant des années, sans que ça la gêne particulièrement… Ce doute me taraude. »

Le doute est un obstacle insidieux au désir de reconstruction. Aux yeux de la personne trompée, il remet en question les motivations du conjoint infidèle à vouloir restaurer la relation de couple. Les questions récurrentes sont : « Est-ce qu'il reste pour moi ou pour les enfants, la maison, le confort, la sécurité, l'argent ? », « Est-ce qu'elle reste pour moi ou par peur de se retrouver seule ? d'être rejetée par ses enfants ou sa famille ? », « Est-ce qu'il reste avec moi pour moi, en tant que personne ? ». Ces questions reflètent une inquiétude qui touche au manque de confiance en soi. La personne trompée doute de sa valeur ; l'infidélité a percuté de plein fouet son estime d'elle-même. Il est donc normal que de telles questions émergent en elle.

Mais ces questions ne se posent-elles pas dans n'importe quel cas de figure, dès que deux personnes décident de créer un couple ? Quand on tombe amoureux, on se met ensemble parce qu'on aime l'autre, mais aussi parce qu'on a le projet d'avoir des enfants, de construire une maison, de créer un foyer sécurisant, d'élargir son cercle d'amis… Il n'y a pas, d'un côté, la personne qu'on aime et, de l'autre, la vie qu'on bâtit avec elle. Après l'infidélité, il est donc vain de chercher à savoir s'il ou elle revient « juste pour soi » ! En revanche, il faut que le ou la partenaire revienne « *aussi* pour soi ». Comment le savoir ? Uniquement sur la base de la qualité émotionnelle et relationnelle que l'on parviendra – ou pas – à reconstruire ensemble au fil du temps. Ce sera la seule et unique preuve.

Le découragement

« Trop de choses sont abîmées entre nous. On n'y arrivera pas. Ce n'est même pas la peine d'essayer. »

La personne trompée partage souvent le même découragement que la personne infidèle quand elle envisage la possibilité d'une reconstruction du couple. Un jour, elle y croit dur comme fer, le lendemain, tout semble vain et voué à l'échec. De toxiques et pernicieuses pensées tournent dans la tête : « M'a-t-il jamais aimée finalement ? Est-ce que je ne me fourvoie pas depuis le début ? Est-ce que je ne suis pas pour quelque chose dans cette situation ? » Ou encore : « Si tu m'as trompé une fois, qui me dit que tu ne le feras pas une seconde fois ? Comment puis-je te faire confiance ? » Le risque est de verser dans une flagellation émotionnelle négative où on se remet injustement en cause.

Le doute porte parfois sur le propre désir de la personne trompée à reconstruire son couple. Car, au-delà de la peine ou de la colère, la relation extraconjugale peut avoir un effet secondaire étrange et paradoxal : l'infidélité lui ouvre les yeux. Elle peut réaliser qu'elle n'était pas si heureuse que cela dans son couple ! Pour certaines personnes ayant été trompées, l'aventure de leur conjoint est l'occasion de mettre un terme à une relation qu'elles découvrent ne plus avoir de raison d'être !

Le désir que tout aille bien trop vite

Nombreux sont celles et ceux qui tolèrent mal le conflit et font tout pour l'éviter. La période suivant la découverte de la relation extraconjugale est tellement conflictuelle que beaucoup essaient de désamorcer au plus vite tout débordement émotionnel. Si la décision de continuer ensemble est prise, ils craignent un revirement de situation et tentent alors de préserver à tout prix le semblant d'harmonie qu'ils ont réussi à recréer, même si celui-ci est factice. Ils se taisent et prennent sur eux, mettant tout en œuvre pour que tout revienne à la normale le plus rapidement possible. Ils croient ainsi faire l'économie d'une confrontation douloureuse, mais sans s'en rendre compte, ils font obstacle à la restauration d'une authentique intimité.

En définitive, aucun travail de fond sur le couple n'est véritablement entrepris : au regard du quotidien où tout semble rentrer dans l'ordre, ce travail n'apparaît plus comme nécessaire. C'est une illusion : les problèmes restent inchangés ; les mêmes causes produisant les mêmes effets, cette pseudo-réassurance ouvre grand la porte à une nouvelle infidélité.

Il faut affronter la réalité : un événement majeur s'est passé dans la relation. En toute logique, quelque chose de tout aussi important doit s'y passer si on veut continuer à avancer ensemble. Croire que tout peut rentrer dans l'ordre sans confrontation revient à faire l'autruche.

Comprendre ce qui s'est passé

Lorsqu'on décide de donner une chance à son couple après l'infidélité, une étape indispensable consiste à comprendre le sens de la relation extraconjugale. Cette clarification et cette compréhension sont utiles, autant pour la personne infidèle que pour son ou sa partenaire : on ne peut parvenir à une reconstruction de qualité si on ignore les forces qui ont contribué à l'émergence de la relation extraconjugale. Tenter de se retrouver sans connaître ces lignes de force mène à une impasse.

Or de nombreux couples éludent cette question, comme si elle était secondaire et qu'ils pouvaient s'en passer. Quelle erreur ! « Si on oublie le passé, on se condamne à le revivre », disait Winston Churchill. Il en va de même pour la relation extraconjugale : si on ne prend pas le temps de comprendre les tenants et aboutissants de cette infidélité, on reste avec les mêmes fragilités personnelles et/ou conjugales qui y ont mené et on prend le risque d'une nouvelle crise conjugale.

Cette section[1] consacrée à l'exploration des raisons qui déterminent l'infidélité aborde les différents types de relations extraconjugales et les motivations de chacune *du point de vue de la personne qui a été infidèle*. Si vous êtes la personne qui a été trompée, vous pourrez être surprise, voire choquée, par ce que vous allez lire. Comprenez bien l'objectif : vous donner, à l'un et à l'autre, les moyens de comprendre les fondements de l'infidélité. Ainsi serez-vous mieux armés pour reconstruire votre couple.

L'infidélité recherche de solution

Mira Kirshenbaum apporte un éclairage intéressant sur les relations extraconjugales, qu'elle voit comme une manière de faire face à une situation donnée. Elle décrit l'infidélité comme « *a way to cope* », c'est-à-dire comme une façon d'apporter une solution à un problème relationnel et/ou personnel qu'on ne parvient pas à résoudre autrement. « Sous le désordre inextricable de la relation extraconjugale, écrit-elle, se trouve une sorte de "sagesse" qui, si elle est soigneusement écoutée et entendue, conduit à la résolution du

1. Cette section s'inspire, entre autres sources, de l'excellent ouvrage de la sociologue Charlotte Le Van, *Les Quatre Visages de l'infidélité en France*.

problème (qui, pour la personne infidèle, était la raison première de son engagement dans la relation secrète). » Cela signifie que la relation extraconjugale a un objectif, une motivation, une raison, même inconscients.

Servane ne se sentait plus aimée par son mari : c'était son « problème ». Elle pensait trouver sa « solution » en s'engageant dans une relation avec un collègue. Après dix mois, elle y a mis un terme et a également quitté son mari. Avec le recul, elle comprend qu'elle cherchait un moyen de sortir de son mariage : telle était la motivation majeure (et pourtant inconsciente) de son aventure extraconjugale.

Antoine s'est senti mis de côté par son épouse après la naissance de leur premier enfant : ce sentiment d'exclusion était son « problème » ; sa « solution » a été de vivre une relation secrète avec une amie de sa sœur. Il avait besoin, dit-il, de se sentir exister auprès de quelqu'un qui prêtait attention à lui. Mais ce n'était qu'une explication de surface. En effet, après quelque temps, il a quitté cette jeune personne, sans que jamais son épouse n'ait été au courant de son infidélité. Il a en effet compris que son sentiment d'exclusion n'avait aucune réalité dans son couple. La prise de distance de son épouse, en réalité très temporaire, avait réactivé en lui un vécu d'abandon lié à sa propre mère quand il était petit. Après une psychothérapie, il vit aujourd'hui une relation heureuse avec sa femme et ses deux enfants.

Pascal a de forts besoins sexuels qu'il n'arrive pas à assouvir auprès de sa compagne. Cette frustration constante est son « problème », sa « solution » consiste à multiplier les relations sans lendemain. Cette « solution » lui a déjà valu deux divorces avec deux compagnes précédentes. Il est actuellement engagé dans une troisième procédure… La « solution » résiderait dans une réelle prise en compte de son addiction (il est par ailleurs un joueur invétéré), mais il ne semble pas encore prêt à franchir le pas.

Le fait que la relation extraconjugale soit une « recherche de solution » ne signifie pas pour autant qu'elle soit la meilleure façon de répondre aux besoins de la personne infidèle, ni même qu'elle aboutira à une solution constructive. Mais, si on parle de reconstruire le couple après la découverte de l'infidélité, aborder les choses de ce point de vue aide à replacer cette recherche de solution au sein même du couple, et non plus à l'extérieur, comme cela a été le cas dans la relation secrète. Nous y reviendrons plus en détail au chapitre 4.

Ainsi, on peut considérer que chaque type de relation extraconjugale est l'expression d'un désir, ou d'une aspiration, ou d'un besoin que la personne infidèle estime ne pas être satisfait, à tort ou à raison, dans sa relation de couple. Cela ne justifie pas la relation extraconjugale mais l'éclaire sous un jour plus constructif pour la suite.

Le « faux pas » ou l'infidélité accidentelle

« J'étais en déplacement professionnel avec des collègues, raconte Florian. Après notre séminaire, nous sommes sortis en boîte et j'ai trop bu. Il y avait cette fille qui dansait… je l'ai embrassée devant mes collègues. On a fini la soirée dans les bras l'un de l'autre, mais je suis reparti seul à mon hôtel. Il n'y a rien eu de sexuel, je vous l'assure. Je n'avais pas l'intention d'en parler à ma femme, mais elle l'a appris. Je ne sais pas par qui. Elle veut maintenant divorcer. On vient de se marier ; je l'adore et je la supplie qu'elle me pardonne, mais, pour l'instant, elle ne veut rien entendre. Je suis au trente-sixième dessous. »

L'infidélité « faux pas » est souvent le fruit de la conjonction d'un moment favorable et de circonstances fortuites : on se retrouve dans une situation, dans un lieu inhabituels ; on est un peu alcoolisé, stressé ou désinhibé, rendu vulnérable par une dispute au téléphone avec son conjoint ou par un problème familial ou professionnel... et un homme ou une femme croise notre chemin. Il n'y a pas d'intention particulière, pas de préméditation, juste un peu d'ennui, d'excitation et de curiosité, et des circonstances « sécurisées » : on est persuadé que ce qui se passerait là ne serait jamais découvert. Alors on se laisse tenter, même si tout en soi s'étonne et prévient que quelque chose ne va pas, qu'il faut faire marche arrière, que c'est inconcevable d'être dans ces bras étrangers alors que l'on aime son compagnon ou sa compagne : pourquoi donc tout risquer ? Mais on y va quand même... pour se réveiller quelques heures plus tard, mi-figue mi-raisin, mi-coupable mi-content de ce qui s'est passé. Et avec la volonté de ne rien dire à son ou sa partenaire de ce qui viendrait menacer ce qu'on vit avec lui ou elle.

Faut-il parler à son conjoint de cet incident de parcours ? Cela renvoie à la discussion du premier chapitre, « Dire ou ne pas dire » ; mais ici, plus que jamais, le silence semble être l'option la plus sage, dans la mesure où on est certain de ne plus revoir l'autre personne – ou de ne plus « craquer » pour elle si on est appelé à la côtoyer (dans le travail par exemple).

« J'ai eu ce coup de folie dans le train de nuit qui m'emmenait chez mon frère, en Italie, se souvient Simonetta. À mon retour, j'étais rongée de culpabilité. J'ai décidé d'en parler avec mon mari car je voulais être honnête et transparente avec lui : cette aventure ne représentait absolument rien pour moi. Mal m'en a pris : il n'a pas supporté et nous sommes aujourd'hui divorcés. Je regrette à chaque instant de lui avoir parlé : c'était une unique fois en huit ans de mariage – et encore : il n'y a pas eu de rapports sexuels à proprement parler… – et nous serions toujours heureux ensemble si je ne lui avais rien dit. Je m'en veux tellement. »

Comme le souligne Mira Kirshenbaum, un « faux pas » est parfois exactement cela : on le regrette amèrement mais il ne dit rien de fondamental sur la relation. Il parle d'une fragilité passagère dont personne, semble-t-il, n'est à l'abri. L'expérience montre que parler met – inutilement – la relation en danger : il incombe à la personne qui a trompé d'en assumer seule les conséquences (la culpabilité, notamment). Ce n'est pas un encouragement au mensonge, mais plutôt une invitation à être responsable et à préserver ce qu'il y a de précieux dans son existence.

Il arrive que le « faux pas » n'en soit pas un, mais la partie visible de l'iceberg. On peut, certes, le banaliser, mais on a plutôt changé de registre et cela impose d'être honnête avec soi : cet « accident » en est-il vraiment un ? N'est-il pas le reflet d'une insatisfaction au sein du couple ? Il peut en effet signer le désamour…

Les infidélités prétextes

Elles ont en commun de servir un objectif spécifique.

Pour mettre un terme à la relation de couple

« Je me sentais emprisonnée dans mon mariage depuis des années, explique Chantal, mais je n'avais jamais trouvé le courage d'y mettre fin jusqu'à ce que je rencontre Bernard. Je le voyais vraiment comme l'opportunité de m'échapper d'une situation où j'étouffais. En fait, ce n'était pas lui en tant que personne que j'aimais, mais la perspective qu'il m'offrait de quitter ma prison. La preuve en est que, quand mon mari m'a quittée après avoir appris mon aventure, je n'ai pas choisi de vivre avec Bernard. Il n'a été qu'un prétexte pour quitter mon mari... »

Certaines relations extraconjugales n'ont pour finalité que de provoquer une rupture. Elles ne font que rendre tangible une situation de couple que la personne infidèle estime déjà trop dégradée. Dans ce cas, elle prend rarement beaucoup de précautions pour la dissimuler, rendant ainsi aisée sa découverte. De même, la culpabilité est souvent réduite car la personne infidèle assume pleinement ce qu'elle a fait : la séparation était l'objectif visé, même si elle a conscience que sa décision jette son ou sa partenaire dans le désarroi.

Ce type de relation extraconjugale a souvent valeur de transition : la relation chevauche l'union officielle pendant un temps pour provoquer la rupture. La poursuite de la relation avec l'autre personne n'est pas nécessairement la suite logique : soit la personne infidèle reconstruit un couple avec son amant ou sa maîtresse, soit elle se sépare de lui ou d'elle.

Pour se venger

Le désir de se venger de son ou sa partenaire peut être une raison de s'engager dans une relation extraconjugale : se venger de son manque d'attention ou d'affection, d'une situation qu'il ou elle a imposée sans concertation (un déménagement, la perte de son emploi pour le rejoindre à l'autre bout de la France...), de la propre infidélité de son ou sa partenaire, en représailles...

C'est la loi du talion. Pour une raison ou pour une autre, la personne qui s'apprête à être infidèle se sent lésée et tente de rétablir un équilibre : « Tu me fais du mal, je te fais du mal. » Force est de constater que la relation de couple est bien mal en point quand on en arrive à une telle extrémité, car chaque partenaire a manifestement perdu le souci de l'autre.

Pour connaître autre chose

> « Je suis mariée depuis dix-sept ans ! s'étonne Marielle. Dix-sept années de fidélité absolue ! Je ne recherchais pas particulièrement une aventure mais quand Sébastien est apparu dans ma vie, je me suis laissé séduire. Il était tellement différent de mon mari que j'ai commencé à rêver d'autre chose. Après un an et demi d'une vie de bohème que je tentais tant bien que mal de dissimuler à mon mari, j'ai finalement rompu : ce que Sébastien me proposait était très attirant, c'était une vie très exotique mais trop pleine d'incertitudes, en décalage avec ce à quoi j'aspire – ça n'aurait pas marché sur la durée. Ce qui m'a étonnée, c'est que je suis revenue vers mon époux avec plus de tendresse, comme si, grâce à l'expérience avec Sébastien, j'avais pris la mesure de la sécurité qu'il m'apportait et dont j'ai tant besoin. »

Certaines relations extraconjugales ont pour fonction – le plus souvent inconsciente – de tester la relation officielle. Elles peuvent survenir quand on se trouve en couple depuis longtemps et qu'on s'interroge sur l'éventualité de « quelque chose de mieux ailleurs ». On ne sait jamais : on gagnerait peut-être au change... Pourquoi ne pas se laisser tenter si une opportunité se présente ? La personne infidèle prend alors le risque de s'engager, pour réaliser soit qu'elle est très bien avec son (sa) partenaire – pas plus heureux(se) ou plus épanoui(e) avec cette autre personne –, soit qu'elle est beaucoup mieux avec celle-ci : elle aura donc trouvé la réponse qu'elle cherchait.

Dans ce type de relation, il est toujours utile de se demander ce qu'on y cherche. Cela permettrait d'en trouver le sens. Souvent, cet « autre chose » que recherche la personne infidèle renvoie à un besoin personnel qu'elle n'aurait pas nécessairement eu besoin de satisfaire en dehors de son couple, si elle l'avait réellement pris en compte. Nous reviendrons sur ce point.

Pour provoquer, stimuler son partenaire

Parfois, le quotidien éteint le feu du couple et certaines personnes optent pour le levier de la jalousie pour provoquer leur partenaire, dans l'espoir que la découverte de leur relation extraconjugale viendra raviver la flamme. L'amant ou la maîtresse n'est pas particulièrement investi(e), plutôt « utilisé(e) » pour un objectif autre qu'une authentique histoire d'amour. S'engager dans ce type de relation est un pari risqué, mais parfois payant, comme le raconte Patrick :

> « J'ai été très étonné par mon changement de regard sur mon épouse quand j'ai appris sa liaison. J'étais soufflé, évidemment, mais elle a soudain cessé d'être une présence familière que je ne remarquais plus vraiment. J'ai pris conscience non seulement que je pouvais la perdre, mais surtout qu'un autre homme la regardait avec désir. Cela m'a troublé et m'a permis de la voir sous un autre jour, avec un œil neuf : je l'ai retrouvée dans ce que j'aimais déjà d'elle mais je suis allé plus loin que je n'étais jamais allé et j'ai découvert des dimensions d'elle que j'ignorais. Aujourd'hui, elle a quitté cet homme. C'est fou à dire, mais sa relation nous a rapprochés ! »

Cette stratégie visant à menacer son couple pour le consolider est dangereuse : l'infidélité fait mal et laisse des traces. Certes, cette démarche peut porter ses fruits, car on ne tient jamais tant à quelqu'un que lorsqu'on craint de le perdre. Certains couples ont besoin de répéter les mêmes scénarios d'infidélité « provocatrice » pour maintenir à flot l'intensité de leur relation… Cela peut devenir rapidement délétère pour la relation qui ne parvient plus à fonctionner que sur ce seul ressort. Il y a manifestement un problème dans le couple qu'il est nécessaire de mettre au jour.

Ce que la relation extraconjugale révèle du couple

Une autre façon de comprendre le sens de la relation extraconjugale est de saisir ce qu'elle révèle du couple et de la personne qui a trompé.

Le désamour

Le désamour provoque un sentiment de « solitude-isolement[1] ». Lorsqu'on se sent seul dans son couple, ce ressenti rend vulnérable à la possibilité d'une relation extraconjugale. Cette fragilité survient quand on est déçu ou désillusionné à cause d'un ennui lié à la routine, d'une perte de communication, de sentiments qui s'émoussent, d'une impression de devenir transparent dans les yeux de son ou sa partenaire, de ne plus avoir envie de partager quoi que ce soit avec lui ou elle, de ne plus s'intéresser à l'autre… Alors on cherche ailleurs pour apaiser ce besoin d'aimer et d'être aimé et on trouve, dans d'autres bras, l'affection, l'écoute, la tendresse, l'intimité, la complicité qui font défaut.

Une telle situation est-elle un irrévocable constat

1. Voir mon ouvrage intitulé *Ensemble mais seuls, Apprivoiser le sentiment de solitude dans le couple*. Les références à mes ouvrages apparaissent p. 203.

d'échec du couple ? Parfois oui : elle signe l'incapacité mutuelle à faire vivre ce qui devait être une promesse de bonheur au long cours. Chacun a commis l'erreur de croire que l'amour n'avait besoin d'aucune attention particulière pour croître. Rogné par les déceptions à répétition, l'amour s'est éteint, entraînant une perte d'intimité émotionnelle qui sonne le glas de la relation.

Cependant, si détériorée que celle-ci puisse être, rien n'est irrémédiablement perdu : elle peut se reconstruire, mais cela demande un effort considérable.

Lorsque le désamour signifie la fin d'une relation de couple qui meurt de sa belle mort, qu'on sent qu'on a partagé ensemble un temps de vie et que la relation n'a plus rien à donner, ce constat ouvre la porte à une relation extraconjugale : si elle survient, elle a pour objectif principal de mettre un terme à la relation de couple. C'est une façon de rendre tangible le désamour en rendant la séparation quasi incontournable.

Mais attention ! La nouvelle relation dénonce les manques au sein du couple. Tout y semble mieux : le sexe, l'écoute reçue, l'enthousiasme né de projets élaborés ensemble, le climat de joie et de légèreté... et la personne infidèle peut en arriver à la conviction que la personne qu'elle a rencontrée est celle qu'elle attendait depuis toujours, voire que son ou sa partenaire n'est en fait qu'une erreur de parcours. C'est oublier que survient toujours une phase de défusion amoureuse : après quelque temps, l'autre redevient « autre » et l'on voit plus clairement son amant ou sa maîtresse pour ce qu'il ou elle est vraiment. C'est sur la base de ce constat plus réaliste qu'il convient de décider ou non de poursuivre la relation.

Le problème est que la relation extraconjugale crée un contexte particulier ; sa dimension secrète prolonge la période de fusion amoureuse : on ne peut pas se voir aussi souvent qu'on le souhaite, on se voit la plupart du temps dans des situations sortant de l'ordinaire, sans partager le quotidien sur une longue période. Le cumul de l'excitation et des frustrations contribue à concocter un cocktail de passion et d'aventure à côté duquel la relation de couple ne peut que faire pâle figure. Ainsi, la relation extraconjugale paraît extraordinaire par le simple fait qu'elle est justement hors de l'ordinaire. Rien ne dit qu'elle le restera si elle s'inscrit dans la routine du quotidien.

Le besoin de compensation

L'infidélité de compensation reste proche du territoire de l'infidélité par désamour. Là, il persiste, chez la personne infidèle, de l'amour pour son ou sa partenaire et elle ne souhaite pas arrêter leur relation. Le quotidien n'est pas vécu comme un boulet et peut même être source de plaisir et de plénitude à certains égards ; néanmoins, cette personne a conscience de manques ou de besoins insatisfaits et c'est le désir de répondre à cette frustration qui devient le moteur de la relation extraconjugale.

> « J'aime mon épouse et il ne me viendrait pas à l'idée de la quitter, confie Richard, mais ce que je vis avec Maëlle répond à des manques auxquels ma femme ne peut pas répondre. Je trouve avec Maëlle une tonalité d'amour que je ne trouve pas dans ma relation de couple. »

Les besoins insatisfaits sont multiples : sexuels, d'affection, d'intimité, d'une meilleure communication, de reconnaissance, d'autonomie... Le choix de l'autre personne est guidé par le type d'insatisfaction que ressent la personne infidèle face à son conjoint : elle ira ainsi vers quelqu'un de plus cultivé, ou de plus drôle et plus léger, plus attentif, sexuel, etc.

Un exemple de recherche de compensation de l'insatisfaction sexuelle

La perte de désir et l'absence de relations sexuelles sont des motifs fréquemment avancés pour justifier la relation extraconjugale. La perte d'intimité sexuelle peut s'expliquer par une baisse du désir, alors que l'amour éprouvé l'un pour l'autre n'est pas remis en question ; elle peut être le reflet d'un désamour qu'on ne parvient plus à masquer. Cette baisse de libido peut aussi être liée à une dépression qui n'a rien à voir avec la vie de couple (liée à des soucis professionnels, par exemple). Elle peut enfin être motivée par le désir d'assouvir des fantasmes ou de se livrer à des pratiques que la personne infidèle ne s'imagine pas proposer à son ou sa partenaire.

Mais on constate que la recherche d'une sexualité plus satisfaisante n'est pas le moteur principal de l'infidélité, toutes formes d'infidélité confondues. En effet, très souvent ce n'est pas tant la satisfaction sexuelle qui est recherchée que l'intimité émotionnelle qui l'accompagne. Là se situe le véritable besoin que la personne infidèle essaie de compenser, la carence sexuelle n'étant qu'un effet (et non la cause) de la dégradation relationnelle. Ce dernier point est caractéristique des relations extraconjugales qui démarrent sur le mode de l'amitié ou de la complicité professionnelle, quand l'attirance sexuelle n'est pas au premier plan. Même lorsque l'amorce est sexuelle, la relation extraconjugale persiste souvent sur la base d'une intimité émotionnelle qui se construit au fil du temps.

Un exemple de compensation d'un déséquilibre dans la vie de couple

Certains couples sont fondamentalement en déséquilibre : l'un a une vie plus riche que l'autre (jouissant, par exemple, de plus de gratifications intellectuelles, professionnelles, sociales ou émotionnelles que son conjoint), une plus grande aisance financière (et l'autre se sent dévalorisé par ce décalage de revenus), etc. Il en résulte une mauvaise répartition du pouvoir et de la liberté d'action au sein du couple, et cela devient une source de malaise et de sourde jalousie.

Quand ces déséquilibres génèrent des frustrations trop profondes chez l'un des partenaires, cela l'ouvre à la possibilité d'une relation extraconjugale qui aura pour fonction principale de rétablir l'équilibre. Il ou elle éprouve le besoin de compenser ce manque de gratifications ou de valorisation, et parfois d'exprimer ainsi son ressentiment, voire de se venger, plus ou moins consciemment, de la prise de pouvoir de l'autre partenaire.

Il peut arriver aussi que celui ou celle qui se perçoit en position de force dans le couple estime légitime d'avoir une relation extraconjugale. C'est sa prérogative : il ou elle se sent affranchi(e) de toute explication à donner et s'autorise une relation dans une logique de domination (le plus souvent inconsciente) sur son (sa) partenaire.

Un exemple de compensation d'un besoin de se sentir exister

Celles et ceux qui ne se sentent pas reconnus et pris en compte dans leur singularité au sein de leur couple cherchent parfois à satisfaire ce besoin à travers une relation extraconjugale. Ne souhaitant pas détruire leur couple (à cause des enfants ou du confort de vie qu'ils trouvent dans leur foyer), ils tentent de faire coexister les deux relations qui répondent chacune à des aspirations différentes. C'est dans ce contexte que s'installent les doubles vies et que la relation extraconjugale aide paradoxalement à pérenniser la relation officielle. Aux yeux de la personne infidèle, les aspects positifs de cette organisation constituent un argument de poids pour poursuivre ces deux relations en parallèle : même si elle peut s'étonner de se retrouver dans une si étrange configuration, sa culpabilité est moindre car elle se dit qu'elle ne fait souffrir personne, tout en répondant à ses propres besoins. Cela peut fonctionner pendant un certain temps – voire un temps certain… – jusqu'à ce que la relation soit découverte. Il faut alors choisir.

Certes, le besoin d'exister pour soi est satisfait dans la relation avec l'amant ou la maîtresse, mais une question se pose : où est la priorité ? Est-ce ce besoin ou cette personne, en tant que telle ? On constate que parfois cette dernière n'est qu'un moyen, si bien que certaines personnes infidèles se fourvoient quand elles décident de s'engager définitivement avec elle. En effet, si cette nouvelle relation se fonde uniquement sur la satisfaction du besoin d'exister, cela ne constituera pas une base suffisante pour établir une relation durable – ce qui est vrai, d'ailleurs, pour toutes les relations affectives.

Ainsi, ne pas être pleinement comblé dans son couple ne signifie pas qu'il faille arrêter sa relation officielle. Une autre possibilité se dessine : parvenir à répondre à son besoin d'existence au sein de son couple, et non plus à l'extérieur. Nous verrons cela au chapitre 4.

Ce que la relation extraconjugale révèle de la personne infidèle

Certaines relations extraconjugales n'ont (presque) rien à voir avec la relation de couple : elles concernent au premier chef la personne infidèle dans sa trajectoire de vie ou dans sa personnalité. D'autres renvoient à des besoins spécifiques auxquels elle tente de répondre, sans que son couple soit directement mis en question.

Le besoin de réparer des blessures ou de combler les carences du passé

Certaines blessures du passé restent à vif à l'intérieur de nous et nous passons beaucoup de temps à essayer de les apaiser, sans même nous en rendre compte. Très souvent, en effet, nous n'avons même pas conscience de ces blessures : elles ne se manifestent dans notre vie que par un malaise diffus. Ne parvenant pas à faire la part entre nos problèmes personnels et les problèmes de notre couple, nous désignons notre partenaire comme responsable de ce mal-être ! Il paraît donc « logique » d'aller voir ailleurs…

Après une infidélité, il est toujours utile de regarder dans sa propre histoire à la recherche d'événements blessants ou traumatiques qu'on essaierait de compenser ou de réparer par l'infidélité : par exemple, un vécu d'insécurité hérité d'une enfance où prévalait l'abandon (réel ou émotionnel) d'un parent n'ayant pas su donner suffisamment d'amour. L'enfant grandit avec l'idée qu'il n'est pas digne d'être aimé et qu'il finira toujours par être abandonné : l'infidélité peut paradoxalement être, pour cette personne devenue adulte, une façon de prévenir la douleur d'être rejetée, au cas où elle le serait… Parfois, on craint tellement la perte d'amour et le rejet que l'on crée inconsciemment les conditions pour être rejeté (en s'engageant par exemple dans une relation extraconjugale), sans être capable de voir l'amour qui est peut-être là, sous ses yeux, au sein même de son couple.

L'infidélité peut venir combler un manque ancien :

« J'ai grandi dans un environnement familial très dur, se souvient Soizic. Nos parents ne nous manifestaient pas beaucoup d'affection et, plus tard, j'ai épousé un homme aussi froid que mon père dans l'expression de ses sentiments. Quand j'ai rencontré Martin, c'est comme si le ciel bleu s'ouvrait au-dessus de moi : je réalisais qu'il était possible de dire son amour, de le nommer avec des mots et de l'exprimer avec des gestes. J'étais transportée ! Je sais que mon mari m'aime – et je l'aime aussi –, mais ce besoin de tendresse et de chaleur qui m'a tant fait défaut autrefois est enfin satisfait grâce à Martin… Il répare cette partie de moi qui était en souffrance. »

Don-David Lusterman parle quant à lui de « l'infidélité née de la peur », qui aurait pour objectif de chercher à fuir une douleur ancienne. Par exemple, on a peur d'être trop intime avec son ou sa partenaire par crainte de se perdre soi-même dans la relation, de perdre le contrôle ou encore de voir ses besoins et désirs ignorés ou négligés : l'infidélité permettrait de fuir cette menace d'étouffement qui rappellerait un étouffement parental plus ancien. Ou bien on a peur de s'engager par crainte de faire erreur et de réduire le champ de ses possibilités : l'infidélité permet de garder ouvertes les options et cela apaise la peur de se trouver limité dans son existence. Ce type d'infidélité survient souvent précocement dans la relation (dès les premiers mois ou la première année) car, explique Don-David Lusterman, « cette peur préexiste à la relation ». Ces relations seraient également de courte durée car la personne infidèle cherche à s'apaiser plus qu'elle ne souhaite un véritable amour. On voit bien ici que le problème n'est pas une difficulté de couple, mais une problématique propre à la personne infidèle.

Le besoin de se retrouver

Le sentiment de « solitude-isolement » qui nourrit le désamour ne traduit pas toujours une perte de contact avec son conjoint. Dans certains cas, il révèle quelque chose de plus profond, à savoir une perte de contact avec soi-même. Nombre d'infidélités peuvent se comprendre comme des tentatives (inconscientes) de se reconnecter à soi via une autre relation. Se retrouver est l'objectif principal – et non le désir de construire une autre relation d'amour.

> « J'avais ce sentiment de vide intérieur, explique Jean-Marc, et je croyais que mon couple en était la cause. Alors, je me suis lancé dans cette relation avec Florence jusqu'à ce que Béatrice découvre mon infidélité et demande le divorce. Je me suis alors mis en couple avec Florence et ça a été merveilleux pendant neuf mois. Mais là, j'ai à nouveau éprouvé ce sentiment de vide et ce n'était clairement pas Béatrice qui en était responsable – ni Florence, d'ailleurs : ça ne parlait que de moi ! Ça m'a extrêmement troublé car j'ai compris que ce n'était pas ma relation avec ma femme qui posait problème, mais plutôt mon mal-être intérieur. C'est pourtant sur le désir d'y mettre un terme que je m'étais engagé dans ma relation avec Florence. Si je l'avais compris avant, est-ce que j'aurais trompé Béatrice ? Je ne sais pas. »

Jean-Marc formule bien le message que je tente de faire passer dans *Ensemble mais seuls* : avant de remettre en question son couple car on s'y sent trop seul, il est sage d'œuvrer d'abord à se reconnecter à soi. Ce n'est qu'une fois reconnecté qu'on est en mesure de prendre une décision éclairée sur son couple.

Un cas particulier : la crise du milieu de la vie

La transition du milieu de la vie, entre 45 et 55 ans, est un temps de recherche intérieure où on éprouve le besoin pressant de se retrouver[1]. On ressent le

1. Voir mon ouvrage intitulé *Maintenant ou jamais*.

désir d'être authentique, au plus proche de soi. Cette recherche personnelle survient en parallèle avec un questionnement sur la relation de couple : là aussi, on éprouve un désir de renouveau, le besoin de « quelque chose d'autre ». C'est cette aspiration qu'on retrouve fréquemment au cœur des relations extraconjugales de cette tranche d'âge – elle vient se cumuler aux autres causes d'infidélité dont nous avons déjà parlé.

Cette période du milieu de la vie est un temps d'incertitude et de vulnérabilité qui confine parfois à la crise d'identité : le corps change et certains ont besoin de se retrouver dans d'autres bras pour se rassurer sur leur pouvoir de séduction et exister dans le regard d'un(e) autre ; ils prennent conscience de rêves ou d'aspirations qu'ils croient ne jamais pouvoir satisfaire dans leur couple.

À cette période, la relation avec ses enfants et ses parents se modifie et ces changements de repères perturbent profondément. On a peut-être également perdu le feu sacré dans son travail. Tout cela contribue à créer un sentiment diffus de déprime ou d'insécurité que certains tentent d'éradiquer dans leur relation extraconjugale.

Est-ce une bonne stratégie ? Pas vraiment. L'expérience montre qu'une bonne réflexion sur soi (accompagnée par un psy) est plus efficace qu'une relation extraconjugale pour répondre aux multiples questions qu'on se pose : celle-ci peut même empêcher toute réflexion et faire obstacle aux changements auxquels on aspire !

« Ma relation avec mon amie Juliette m'a révélé à moimême : je me suis découvert spontané, profond, intéressant, avec une capacité de création, à travers la peinture, que j'ignorais jusqu'à maintenant. Quand Alexandra, ma femme, a appris cette relation, elle a accusé le coup. Mais elle voulait comprendre : elle m'a demandé de lui expli-

quer ce que j'apprenais sur moi avec Juliette et je lui ai tout raconté. J'ai conscience que c'était très difficile à entendre pour elle et elle s'est fait plusieurs fois le reproche de ne pas avoir contribué à ces découvertes sur moi-même. Mais elle a tenu bon et m'a proposé d'essayer de vivre cela à l'intérieur même de notre relation. Elle ne m'a même pas demandé d'arrêter ma relation avec Juliette !
Deux ans après, je sais qu'elle a eu raison dans sa détermination : j'ai quitté Juliette quelques mois après cette discussion et je suis revenu vers elle. Aujourd'hui, je suis devenu un autre compagnon : plus libre, plus attentionné, plus respectueux, aussi, car elle m'a donné une incroyable preuve d'amour. Cette période difficile de notre vie lui a permis, à elle aussi, de se révéler à elle-même… »

Il faut regarder ce que la relation extraconjugale révèle de soi : des qualités méconnues ? Une vision du monde différente ? Une autre approche de la vie ? Une dimension artistique, comme c'est le cas pour Hugo ? C'est peut-être cela que la personne infidèle recherche sans le savoir. Dès lors, œuvrer à incarner dans sa vie de couple ces qualités ou talents méconnus est parfois – mais pas toujours… – plus sage que de mettre un terme à sa relation.

Si le besoin de se reconnecter à soi est la motivation première, il arrive que l'objectif soit atteint, qu'on découvre dans la relation extraconjugale les réponses qu'on cherchait. Reste à savoir ce qu'on souhaite faire : quitter, ou non, son ou sa partenaire ? Tout est ouvert…

Parfois, la reconnexion à soi que permet la relation extraconjugale révèle à la personne infidèle qu'elle ne souhaite plus poursuivre sa route avec son compagnon ou sa compagne : elle perçoit le temps passé avec lui (elle) comme un temps précieux de son existence, mais qui touche à sa fin. Elle ne peut ou ne veut pas se projeter dans une vieillesse commune : à 45-55 ans, elle aspire à autre chose et est prête à franchir le pas d'une séparation.

Le besoin de rattraper quelque chose qui n'a pas été vécu

On est jeune, on s'aime, on se marie et on réalise, quelques mois ou quelques années plus tard, qu'il y a des choses qu'on n'a pas eu le temps de vivre... Certains prennent alors la décision d'aller voir ailleurs pour s'enrichir d'autres expériences. Dans ce type d'infidélité, la personne infidèle donne la priorité à son développement personnel – le couple venant en deuxième position.

« J'étais bien trop jeune pour me marier, reconnaît Camille. J'avais 20 ans : j'étais un bébé ! J'étais bien avec mon copain mais j'avais envie de vivre des trucs que je n'avais pas encore vécus – et pas forcément avec lui. Vous savez : les concerts, les sorties, les amis, l'insouciance quoi !... J'ai rencontré Maxime six mois après mon mariage et on a eu une relation pendant deux ans. Ça m'a permis de grandir et de me construire ; je me sentais trop limitée dans mon mariage. J'ai d'ailleurs divorcé trois ans après. »

« Je n'ai jamais connu les folies de l'adolescence, constate Vincent, J'ai toujours été sage et obéissant, sans jamais faire de vagues : un ado sans crise d'ado. Je regrettais vraiment de ne pas avoir vécu cette phase de ma vie. Et j'ai rencontré Sabine après dix-sept ans de mariage ! Elle avait quinze ans de moins que moi. J'aurais pu ne pas m'engager dans cette relation, mais je me suis dit qu'une telle opportunité ne se présenterait plus jamais et j'ai plongé... J'ai essayé de rattraper le temps perdu, mais ça n'a pas marché : on ne rattrape pas le temps perdu – on vit sa vie telle qu'elle est, dans l'ici et maintenant. Cette leçon a failli me coûter mon mariage et la vie à laquelle je tenais tant... »

Notre vie est jalonnée d'expériences non faites, de projets non réalisés, de moments non vécus et il peut être tentant de vouloir se rattraper, en essayant de les vivre dans une relation extraconjugale qui porte cette promesse. Cette relation peut effectivement apporter les plaisirs qu'on y recherche et apaiser ce vécu de frustration : c'est d'ailleurs sa fonction. Mais faut-il pour autant sacrifier sa relation de couple ? Le jeu en vaut-il la chandelle ? Rien n'est moins sûr et Vincent a failli en faire la douloureuse expérience. Là encore, il est plus prudent d'y réfléchir à deux fois.

La difficulté à faire face à des événements de vie

Certains événements qui jalonnent la vie sont déstabilisants au point d'ouvrir une brèche intérieure. Certains se jettent alors dans d'autres bras, dans l'espoir d'y trouver une solution ou un exutoire.

L'accompagnement d'un proche malade ou dépendant est parfois tellement pesant émotionnellement que certains sont tentés d'aller chercher ailleurs un exutoire. Lorsqu'une relation extraconjugale survient alors que le conjoint souffre d'un handicap définitif, elle est très souvent pétrie de culpabilité, même si, dans certaines situations d'exception, c'est le conjoint handicapé lui-même qui encourage l'ouverture à d'autres personnes...

Un deuil est une expérience intime très profonde ; il est parfois difficile de partager sa peine avec son conjoint et une distance affective peut s'installer au fil du temps. C'est d'autant plus vrai s'il s'agit de la mort d'un enfant : certains parents souffrent tellement qu'ils ne peuvent plus se soutenir. Si les circonstances se présentent, l'un ou l'autre peut se retrouver dans une relation extraconjugale qui est vécue comme un refuge face à la lourdeur conjugale.

Certains changements majeurs – un déménagement vécu comme un déracinement, une faillite financière ou relationnelle, une mutation qui contraint à des déplacements fréquents ou à l'obligation d'habiter dans une autre ville durant la semaine… – viennent aussi bouleverser les repères du couple et ouvrir la porte à l'infidélité, qui est alors vécue comme une échappatoire, une façon de se rassurer ou une manière de trouver du réconfort face à une solitude imposée. Il en va de même lorsque le chômage ou la retraite vient fragiliser l'estime de soi.

Les enfants peuvent aussi avoir une incidence sur la survenue d'une relation extraconjugale. En effet, à chaque étape de la vie de l'enfant, les contraintes sur le couple sont multiples et potentiellement fragilisantes. D'abord peuvent survenir des difficultés pour avoir un enfant. Les non-dits autour d'avortements non souhaités, le constat de l'infertilité, les FIV infructueuses ou les fausses couches à répétition sont autant d'événements qui rendent le couple vulnérable.

On constate un pic d'infidélité chez les hommes à la naissance d'un premier enfant. L'arrivée de l'enfant confronte le père à des responsabilités qu'il n'avait pas anticipées ; le fait que son épouse devienne mère met entre eux une distance affective et sexuelle ; ou encore le désir sexuel s'émousse face au stress des premiers mois.

Lorsque les enfants quittent le domicile des parents, on parle parfois de « syndrome du nid vide » pour désigner le vécu émotionnel qui se traduit par une sorte de dépression, le parent ayant l'impression de perdre son rôle et sa raison d'être au sein de la famille. Il est vrai que le départ du (ou des) enfant(s) modifie la dynamique du couple.

> « Nous nous sommes mariés très tôt – j'avais 21 ans –, confie Sophie, et je suis tombée enceinte un mois après notre mariage. Nous avons aujourd'hui trois enfants. Quand notre dernier fils a quitté la maison pour poursuivre ses études d'ingénieur à Grenoble, je me suis retrouvée dans un étrange face-à-face avec mon mari : en fait, on n'avait jamais vraiment vécu seuls tous les deux! Six mois après le départ de Gabriel, j'ai rencontré un homme : j'avais à tout prix besoin de sortir du huis clos dans lequel nous étions en train de nous enfermer… »

Par leur présence, les enfants aident souvent les parents à occulter ou à mettre distance leurs problèmes de couple. Mais quand les enfants quittent le domicile et qu'ils ne peuvent plus servir d'alibi, les problèmes émergent. La réponse à ce stress relationnel peut être une relation extraconjugale.

Des difficultés psychologiques ou psychiatriques

Certains troubles de la personnalité exposent davantage à l'infidélité : les pervers narcissiques, les personnes psychopathes, les personnes souffrant de donjuanisme et d'addictions sexuelles sont concernées. Le psychiatre Willy Pasini explique qu'« aux États-Unis, 12 % des hommes et 3 % des femmes sont *sex addicts* et ont une prédisposition à exprimer leurs pulsions sur leur lieu de travail ». Dans ce contexte, on parle d'infidélité pathologique, chronique ou addictive. Ces pathologies (qui seraient à prédominance masculine) ont en commun une détresse de fond, mais aussi une difficulté majeure à tolérer la contrainte (quelle qu'elle soit) et à tenir le cadre d'une relation de couple.

Lorsque celle-ci est souhaitée, elle est néanmoins vécue comme trop exclusive, restrictive, « étouffante ». De façon caractéristique, la culpabilité est peu marquée. Les aventures à répétition peuvent également servir à anesthésier les émotions ou à combler un vide existentiel angoissant. Ce type de difficultés relève d'une aide professionnelle psy.

Un mode d'être

Il existe une catégorie à part : celles et ceux pour qui l'infidélité n'est pas une donnée pertinente. Même s'ils aspirent à une vie de couple, ils ne conçoivent pas de se cantonner à un(e) seul(e) partenaire, et on ne retrouve pas chez eux de traits pathologiques particuliers. La fidélité absolue à une personne n'est tout simplement pas envisageable. Ils et elles invoquent et assument une philosophie épicurienne de l'existence où l'infidélité n'est condamnable que si elle fait souffrir l'autre – d'où un soin particulier pour la garder secrète. Dans ce cas de figure, en effet, on constate que cette infidélité s'inscrit le plus souvent dans une série d'aventures sans lendemain (généralement sexuelles) plutôt que dans une relation suivie avec une seule personne.

IV

LES ÉTAPES DE LA RECONSTRUCTION

Après l'ouragan émotionnel des premières semaines et des premiers mois, certains couples décident de rester ensemble. Mais comment faire ? Y a-t-il une marche à suivre ? Quelles sont les grandes étapes de cette reconstruction ?

Une autre question se pose : pourra-t-on jamais vivre comme avant ? La réponse est claire : il ne faut surtout pas vivre « comme avant » car c'est ce « comme avant » qui a conduit à l'infidélité ! Il faut donc se reconstruire avec un état d'esprit de changement aussi bien dans ses comportements que dans la façon d'envisager la vie de couple. Cela en vaut la peine, mais des efforts s'imposent de part et d'autre.

Après cinq ans de mariage, Jean, 39 ans, est parti avec une autre femme. Amélie était submergée de souffrance. Mais plutôt que de déclarer la guerre, elle a cherché à comprendre.

« Nous étions heureux, un peu empêtrés dans la vie quotidienne, comme beaucoup de couples autour de nous, raconte-t-elle. Mais tout allait bien. Un soir, pourtant, Jean m'a dit : “J'ai rencontré une femme qui ne me laisse pas indifférent. Je ne sais pas où ça va me mener.” Le week-end suivant, je suis partie à la montagne avec

Victor, notre fils de 18 mois, en proposant à Jean de réfléchir chacun de son côté. J'avais très mal, mais je ne mesurais pas l'ampleur de la catastrophe... Jean a profité de notre absence pour “réfléchir” de façon très concrète, en entamant une liaison avec cette femme ! J'ai paniqué. Je me suis sentie trahie, bafouée, hors d'état de me battre contre cette femme, plus mûre, sûrement plus belle et plus cultivée que moi. En quelques jours, la vie est devenue invivable.

Comme Jean n'arrêtait pas de dire qu'il ne savait pas où il en était, j'ai choisi pour lui. Sept ans, jour pour jour, après notre première rencontre, je lui ai demandé de partir. Et il est parti. J'étais désespérée, remplie de colère et terrifiée à l'idée que je ne serais plus jamais heureuse. J'étais obsédée par cette histoire : j'imaginais en boucle leurs rencontres, leurs projets, leur avenir... à en devenir folle ! J'avais aussi peur qu'ils partent vivre au Brésil avec mon fils (elle était brésilienne) !

J'ai décidé de m'ouvrir à une amie de confiance. Au lieu de me mettre sur le pied de guerre, je voulais comprendre. C'est très difficile quand la colère et la douleur brouillent tout. Jean ne m'a jamais dit qu'il ne m'aimait plus. Il avait été honnête avec moi, alors que tous ses amis lui conseillaient de se taire. Il ne m'a pas menti sur ce qui se passait en lui. Il m'a écrit une longue lettre pour m'expliquer à quel point il était perdu et bouleversé de ce qui nous arrivait. J'ai hésité avant de lui répondre. Finalement, j'ai choisi de lui décrire mon état, à moi, le plus justement possible, comme il l'avait fait.

Quand il a quitté cette femme, cinq mois plus tard, je ne l'ai pas accueilli à bras ouverts. Mais je n'ai pas refusé qu'il revienne. Je ne lui ai rien fait payer. Tout s'est fait lentement, à notre rythme. Nous avons pris le temps pour redevenir intimes car la douleur et la peur mettaient du temps à s'estomper. Nous avons mis à plat notre vie de couple et nous avons parlé, parlé, parlé...

Deux ans après, nous avons fait un deuxième enfant,

parce que nous nous étions retrouvés et que nous nous aimions. Il m'a demandé pardon. Je ne sais pas si je lui ai pardonné, mais tout cela est derrière moi maintenant. Notre couple a survécu. Avec le recul, je sais que j'ai eu raison de ne pas tout démolir sans réfléchir. Nous nous engueulons beaucoup plus qu'avant, ça dissipe les non-dits et les malentendus ! Et nous cherchons un projet pour continuer à construire ces choses si compliquées que sont un couple et une famille. Je reste vigilante mais j'ai confiance, à nouveau. »

Quelles sont vraiment les chances de réussite ? Shirley Glass se veut rassurante : d'une étude menée par Jan Halper auprès de 4 100 hommes d'influence ayant eu une relation extraconjugale, il ressort que 85 % d'entre eux sont restés mariés ! Et seulement 3 % des hommes qui ont divorcé suite à leur aventure ont fini par se marier avec l'autre personne. On ne peut pas généraliser les résultats de cette étude, mais ils laissent entrevoir l'idée qu'une reconstruction est possible après l'infidélité. C'est une promesse qui peut être tenue.

Certains facteurs favorisent une réconciliation de qualité :

• Il s'agit d'une première infidélité de la part du conjoint.

• La personne trompée est parvenue à contenir ses émotions les plus destructrices (la violence physique ou verbale, la culpabilisation massive, un désir obsessionnel de vengeance). Elle s'est positionnée comme garante du couple ou comme point d'ancrage stable, alors que son conjoint infidèle était en pleine confusion sur les choix qu'il avait à faire.

• La personne infidèle a mis cartes sur table avec honnêteté, sans chercher à dissimuler quoi que ce soit : elle a fait des aveux complets sur sa relation. Cette confession est souvent vécue comme une marque de respect ; c'est un paramètre important pour la restauration de la confiance.

• La personne infidèle a exprimé des remords sincères pour la peine occasionnée à son (sa) partenaire.

• Chaque partenaire a sincèrement décidé de se réinvestir dans la relation et de collaborer pour trouver une issue favorable. La décision est prise tout en ayant conscience des obstacles liés à l'ambivalence, au doute, au découragement... (Si intenses que puissent être ces ressentis, leur présence ne signifie pas que le couple ne parviendra pas à se reconstruire.)

• Les deux partenaires ont cherché à comprendre ensemble le sens de la relation extraconjugale et les circonstances qui y ont mené.

• La personne ayant été infidèle accepte d'accueillir les émotions et les questions de la personne trompée, avec patience et compréhension. En retour, la personne trompée renonce au harcèlement, aux reproches incessants et à la culpabilisation à outrance.

Les couples qui risquent le plus de se séparer sont ceux que ces critères caractérisent :

• La relation extraconjugale se poursuit, en dépit des promesses de l'interrompre.

• Les deux partenaires sont engagés en même temps dans une relation extraconjugale.

• La relation extraconjugale a une très forte composante émotionnelle et sexuelle (il semble que les relations uniquement sexuelles conduisent plus rarement à une séparation du couple).

• Selon les statistiques de Shirley Glass, la séparation est très probable si la personne infidèle est une femme, sans enfants et a moins de 31 ans.

• La personne ayant été infidèle ne manifeste que très peu de désir de travailler sur la relation de couple.

Un travail de longue haleine

Même si tous les critères favorables sont remplis, la restauration du couple reste un travail de longue haleine. Elle est émaillée de grandes périodes de doute, alternant avec des bribes de confiance et d'intimité retrouvée. Au début, c'est souvent un pas en avant, deux pas en arrière.

Le point essentiel est de décider de s'engager dans la dynamique de réconciliation, même si on est empêtré dans l'ambivalence. Le fait de repartir comme si on allait réussir à se retrouver n'est pas la garantie d'une réussite, mais cela crée un état d'esprit favorable. On ne peut pas savoir a priori si l'amour va à nouveau circuler. Même si, au début, le cœur n'y est qu'à moitié, ce n'est qu'en nourrissant le quotidien de gestes d'attention, d'actes de partage et d'ouverture, de décisions montrant son implication qu'on saura si un nouveau départ peut être espéré – pas avant : cela implique d'inscrire la dynamique de reconstruction sur le long terme, entre huit mois minimum et deux ans.

Ce travail est à entreprendre ensemble. Il est indispensable si vous voulez donner toutes les chances à votre relation. Il doit être déployé selon sept axes simultanément :

1. Comprendre ce qui s'est passé (voir chapitre 3) ;
2. Réapprendre le quotidien ;
3. Restaurer la communication ;
4. Restaurer la confiance ;
5. Apprendre à pardonner ;
6. Réinvestir la sexualité ;
7. Réinvestir le couple… et soi-même.

Que peut-on raisonnablement attendre de ce travail ?

En premier lieu, la restauration d'un équilibre intérieur chez les deux partenaires : chacun se sent plus serein, apaisé ; la relation extraconjugale n'est plus l'objet de toutes les pensées au quotidien, on a l'impression qu'elle appartient désormais au passé.

Au niveau du couple, on se sent à nouveau en sécurité, capable de se faire confiance, trouvant du plaisir à être ensemble, dans une meilleure compréhension de l'autre et de ses besoins. La communication est plus directe, plus honnête, même pour les « sujets qui fâchent ». Certaines lignes de force et certaines règles du jeu ont été modifiées au sein du couple et chacun y adhère. Le couple est devenu plus lucide sur ses forces, ses limites, ses points de vulnérabilité, qu'on s'efforce d'amoindrir – chacun étant conscient que le couple ne peut pas être la seule et unique source de gratifications. Chacun est aussi plus vigilant aux premiers signaux d'alarme qui pourraient être annonciateurs d'infidélité.

Réapprendre le quotidien

Pour de nombreux couples, le quotidien est souvent vécu avec pesanteur. Cette lourdeur est d'ailleurs invoquée comme une des raisons ayant poussé à l'infidélité. Or le quotidien peut aussi être une force et un allié : il est constitué d'une infinité de routines et d'habitudes sur lesquelles on peut s'appuyer le temps de la reconstruction. Le fait est là : depuis la découverte de la relation extraconjugale, on vit toujours ensemble, même si on se sent mal à l'aise l'un vis-à-vis de l'autre ; on continue à partager les rituels domestiques et familiaux, même si cela se fait désormais dans une ambiance plombée. Ces routines et rituels du quotidien peuvent sembler insupportables à certains, mais on peut les voir comme autant de garde-fous qui offrent un cadre permettant de canaliser les émotions et de traverser les premiers mois d'incertitude : tout n'est pas inexorablement détruit ; même si beaucoup de choses sont à revoir, il est possible de s'appuyer sur certains acquis positifs de la vie d'autrefois.

> « Le quotidien m'a servi de bouée pendant les premiers mois, se souvient Pascal. J'ai été reconnaissant de retrouver le rituel du dimanche soir avec les enfants : un plateau-repas en famille devant un DVD. Il y a quelques mois, l'idée de ces dimanches soir immuables me donnait la nausée et envie de fuir mais aujourd'hui, après le déchaînement émotionnel de la découverte de ma relation avec Sandrine, j'y ai trouvé une sorte de sécurité. J'ai pris la décision de rester avec Audrey, c'est désormais clair pour moi. Je vois bien que rien n'est gagné entre nous, mais j'ai besoin de pouvoir m'appuyer sur la douceur de notre cadre familial (même s'il est un peu factice car les enfants ne sont pas au courant) pour avancer. Cela me donne un sentiment de continuité grâce auquel nous pouvons peut-être nous retrouver. »

Le quotidien est utile, mais s'il peut servir de point d'ancrage temporaire, il n'est pas une fin en soi et doit être réévalué pour permettre au couple un nouveau départ.

Un peu de légèreté

Continuer de vivre ensemble peut être contraignant, mais ces contraintes rendent aussi possibles des moments de légèreté où s'enracine le changement. Si on prend la décision de rester ensemble, on conserve l'acquis de son réseau amical et familial et, en se servant de ce cadre connu et sécurisé, on peut petit à petit réapprendre à trouver du plaisir à faire des choses ensemble : aller au cinéma ou au théâtre, recevoir à dîner, faire des activités avec les enfants...

Après la relation extraconjugale, on n'a pas forcément envie de faire des choses l'un avec l'autre. C'est là qu'il peut être intéressant de « faire comme si ». L'effort de planifier des activités agréables à faire ensemble va dans le sens de la reconstruction. Il n'est pas nécessaire de s'imposer un face-à-face auquel on ne se sent pas encore prêt (au restaurant par exemple) : on peut se dire que c'est trop difficile pour le moment. La présence tampon de quelques amis peut permettre de franchir le cap et de passer du bon temps sans s'angoisser à l'idée de se retrouver seuls face à face.

Il en va de même pour les vacances : si la perspective de les passer seuls (et/ou avec les enfants) est trop inquiétante, on gagne à organiser un séjour avec d'autres couples d'amis – au courant de la situation ou non. L'essentiel est de se dire clairement l'un à l'autre qu'on n'évite pas l'intimité, mais qu'on réapprend à vivre ensemble des choses agréables avec l'aide de tierces personnes.

En vue de cette reconnexion aux choses légères et agréables, il peut être utile de refaire des activités qui étaient sources de plaisir quand on s'est rencontrés et auxquelles on a progressivement renoncé (quelles qu'en soient les raisons) : les réintroduire dans le quotidien peut injecter un peu de fraîcheur dans le couple.

On pourrait objecter que, dans ce cas, il n'y a pas de réels changements et qu'on retourne dans les ornières qui ont mené à l'infidélité. Pas tout à fait. « Avant », un seul des partenaires faisait semblant, en jouant la comédie de l'harmonie conjugale. Il (elle) était en porte-à-faux par rapport à ce qu'il (elle) vivait dans son couple, en famille ou avec les amis, mais il (elle) ne disait rien, trouvant dans la relation extraconjugale un exutoire à l'« étouffement ». Désormais, tout a été nommé – les frustrations, la pesanteur, le sentiment d'être en décalage... ; chacun sait que l'on peut se séparer du jour au lendemain mais on a pris la décision de rester ensemble. On sait qu'on est sur des charbons ardents, dans une situation fragile où la bonne volonté de chacun est seule garante du succès. Le ou la partenaire qui a été infidèle n'est plus seul(e) face à sa détresse ou à sa frustration ; il (elle) sait qu'il (elle) est entendue – et éventuellement compris(e) – par son conjoint. Il (elle) sait qu'il (elle) est aujourd'hui accompagné(e) par son ou sa partenaire. La différence est énorme au niveau émotionnel, car l'expérience est partagée – cela peut jeter les bases d'une nouvelle compréhension et d'une nouvelle complicité.

> « Après qu'il a mis fin à sa relation, je voyais bien que Jérôme faisait des efforts quand il accueillait mes parents à déjeuner le dimanche, explique Véronique. Au cours des discussions qui ont fait suite à son infidélité, il m'a avoué que ces repas dominicaux lui donnaient un sentiment insupportable d'enfermement et d'isolement. Il n'y avait pas que cela, bien sûr, dans son infidélité ; mais si on voulait rester ensemble, il fallait qu'on trouve une solution sur ce sujet spécifique. Au début, ça m'a fait de la peine par rapport à mes parents, mais j'ai accepté l'idée que, pour lui, c'était pénible de les voir car il ne s'entend pas très bien avec mon père.
> Aujourd'hui, pour un week-end avec mes parents, on s'offre un week-end en vadrouille en amoureux ! Il m'a dit combien ça lui fait du bien que je sache ce qu'il ressent lors de ces déjeuners : il ne se sent plus seul et on s'adresse même des petits clins d'œil complices sans que mes parents s'en aperçoivent. Ce n'est qu'un tout petit pas, mais c'est déjà ça. »

Montrer à l'autre qu'on y met du sien au cours de telle ou telle activité démontre la volonté de faire un effort pour se reconstruire. C'est autant de points gagnés pour la restauration du couple.

« Nous avons ramé pendant presque neuf mois, se rappellent Constance et Éric. On essayait de faire des choses agréables ensemble mais ça ne marchait pas. On a tenu bon. Nous avons failli jeter l'éponge à plusieurs reprises et Constance m'a avoué qu'elle avait même songé à revenir vers son amant ! Et puis, il y a eu un déclic – un soir d'été où on se promenait sur les quais de Seine : on s'est dit combien on tenait l'un à l'autre. De petits détails du quotidien en petits détails, nous nous sommes retrouvés. Cinq ans plus tard, nous sommes toujours ensemble et profondément heureux de l'être ! »

Restaurer la communication

Comment réapprendre à se parler après la découverte de la relation extraconjugale ? On pensait parler le même langage et on a constaté que ce n'est pas le cas. D'où l'importance de restaurer une communication de qualité.

De nombreux couples s'interrogent sur la nécessité de parler de ce qui s'est passé. On peut penser que c'est inutile car on ne ferait que remuer le couteau dans la plaie. En vérité, c'est la personne trompée qui doit donner le *la* de ce qu'elle veut et peut entendre. Certaines se contentent des grandes lignes, d'autres ont besoin de tout savoir. Il n'y a pas de règle préétablie. Si la personne trompée demande des détails, son conjoint devrait, dans le meilleur des cas, accepter de répondre à ses questions, en racontant les éléments les plus significatifs. Plus il ou elle sera exhaustif(ve), plus il (elle) livrera à son ou sa partenaire un message d'honnêteté et de sincérité propice à la reconstruction.

Néanmoins, il faut être prudent, surtout quand on aborde les détails d'ordre sexuel. Trop de détails peuvent faire du mal, même si la personne trompée les réclame : comment faisiez-vous l'amour ? Combien de fois ? Où ? Que te faisait-il ? Faisait-elle des choses que nous n'avons jamais faites ?... Les réponses peuvent marquer la personne trompée à son insu : des images dérangeantes risquent de surgir inopinément dans son esprit et de parasiter sa pensée quand elle fait l'amour. Elle peut se sentir fragilisée si elle comprend que l'autre personne était plus « experte » sexuellement... Il est donc préférable que la personne ayant été infidèle s'abstienne de confessions trop intimes, tout comme il lui est recommandé de ne pas montrer les lettres ou les mails à tonalité trop érotique. C'est inutilement blessant et cela n'aide en rien à la reconstruction de l'estime de soi de la personne trompée.

Hormis les détails trop sexuels, on constate que la personne trompée a souvent besoin de ce type de conversations, non pas pour se flageller mais pour s'approprier les éléments manquants lui permettant de tout mettre « bout à bout ». De plus, connaître certains détails lui permet de désamorcer le mystère et les fantasmes qui enveloppent cette relation. Elle a ainsi moins l'impression d'être maintenue à l'extérieur d'une histoire d'où elle se sentait évidemment exclue.

« Même si les choses sont en train de s'améliorer entre mon mari et moi, explique Béatrice, je meurs d'envie de savoir ce qui s'est passé avec sa maîtresse ; ça m'obsède un peu. Qui est-elle ? Qu'ont-ils vécu ensemble ? Est-ce qu'il pense toujours à elle ?... Je dois être un peu maso de me poser ces questions, mais c'est plus fort que moi. »

« J'avais besoin qu'Éric me raconte les détails de son aventure, raconte Jocelyne. Quand il m'a révélé qu'il avait passé des week-ends avec elle dans notre maison de campagne, j'ai compris que je n'avais pas été parano quand je suspectais qu'il la voyait là-bas, alors qu'il me jurait le contraire. Son honnêteté a calmé mes obsessions : je n'étais pas folle ; mes intuitions étaient justes. J'ai aussi beaucoup apprécié qu'il accepte de me montrer la photo de cette femme. J'avoue que j'ai été très étonnée : c'était une femme normale, alors que je m'imaginais une bombe sexuelle. C'est bête, mais ça m'a rassurée ! »

Parler ensemble permet parfois à la personne trompée de relativiser le discours négatif et dévalorisant qu'elle s'adresse ; elle comprend mieux ce qui a conduit à l'infidélité et peut réaliser par exemple que la survenue de cette relation relève davantage de difficultés personnelles de son conjoint que de dysfonctionnements qui lui seraient propres. Comprenant le sens que prend cette aventure pour son conjoint, la personne trompée parvient peut-être mieux à se départir de sa colère, ouvrant ainsi plus grande la porte au pardon. Enfin, un dialogue sincère permet d'aborder directement les problèmes du couple auxquels il est nécessaire de s'atteler.

Une étude de Peggy Vaughan menée auprès de 1 083 personnes ayant été trompées atteste que les couples qui parlent de la relation extraconjugale de façon ouverte et sincère ont plus de chances de rester ensemble :

• Seulement 55 % des couples restent ensemble quand la personne infidèle partage très peu – ou pas – avec son conjoint ; 86 % des couples qui parlent en profondeur de l'infidélité continuent à vivre ensemble.

• La confiance est restaurée dans 72 % des cas quand toutes les réponses sont données par la personne qui a été infidèle, dans seulement 31 % des cas quand le conjoint refuse de parler.

Par où commencer ?

Lors des premiers échanges, il est important de sortir du mystère qui entoure la relation extraconjugale car l'imagination conduit à élaborer des scénarios qui sont toujours pires que la réalité. Chacun évaluera ce qu'il ou elle souhaite révéler, mais il faut savoir qu'exposer clairement les faits démystifie la relation : qui est cette personne ? Où l'as-tu rencontrée ? Dans quelles circonstances ? Comment faisiez-vous pour vous retrouver ou pour communiquer l'un avec l'autre ? Que faisiez-vous ensemble ? De quoi parliez-vous ? Avez-vous utilisé des préservatifs ? As-tu pris des risques ? Quand m'as-tu menti pour la première fois ? Est-ce que tu voulais être proche d'elle quand tu as planifié nos vacances à tel endroit ? Est-ce que tu l'as vue le week-end que j'ai passé chez ma mère ? Était-elle avec toi lors de ce déplacement professionnel à Séville ? Qui est au courant parmi nos amis ? Certains ont-ils été complices de cette aventure ?... Les faits, encore et encore.

La personne trompée peut aussi être amenée à poser des questions sur le ressenti de son conjoint : qu'as-tu ressenti la première fois que tu m'as menti ? As-tu eu envie de m'en parler ? Pourquoi ne l'as-tu pas fait ? Est-ce que je t'en ai empêché(e) d'une manière ou d'une autre ? As-tu raconté à cette personne des détails intimes sur moi ? Lesquels ?...

Formulées ainsi, ces questions ressemblent à un interrogatoire ! Il est essentiel que la personne trompée mette les formes et qu'elle crée les conditions favorables à un échange de qualité : si la moindre conversation débouche systématiquement sur un conflit, le dialogue se ferme car le conjoint apprendra rapidement à se taire pour ne pas s'exposer à la violence de son ou sa partenaire. Si tel est le cas, il est plus sage d'attendre un peu, quand on sera en mesure de se parler plus calmement, à tête reposée.

Si la personne trompée veut obtenir les réponses dont elle a besoin, elle doit faire passer le message à son conjoint que ses révélations ne vont pas susciter de violentes représailles. La reconstruction est à ce prix.

Comment se parler de façon constructive ?

Certainement pas durant les premières heures ou les premiers jours qui suivent la découverte de la relation extraconjugale ! On est trop à vif, trop à cran, aveuglé par l'intensité des émotions. Les conversations houleuses jusqu'à 3 heures du matin sont à proscrire car elles sont épuisantes émotionnellement et souvent stériles.

Les psychologues John Gottman et Nan Silver développent la notion de « noyade émotionnelle » : c'est une réponse physiologique à un stress intense qui affecte beaucoup plus les hommes que les femmes. Une étude menée par le docteur Levenson à Berkeley, aux États-Unis, a montré que les hommes étaient beaucoup moins bien équipés pour amortir la violence psychique d'un conflit conjugal que leurs épouses. Leur système cardio-vasculaire (battements de cœur et tension artérielle) serait plus réactif, donc plus fragile. Ainsi, l'homme serait plus rapidement et plus durablement submergé émotionnellement lors d'un conflit violent. Cela expliquerait que, dans 85 % des cas, ce sont les maris qui se désengagent du conflit et battent en retraite, non pas par lâcheté (comme leur lancent souvent leurs épouses avec mépris !) mais parce que, en saturation émotionnelle, ils sont incapables, physiologiquement, de gérer le conflit. Si un homme se trouve régulièrement exposé à ces « noyades émotionnelles » dans sa vie conjugale, il va chercher à les éviter et va très rapidement développer des stratégies de retrait systématique. Le problème, c'est qu'en se coupant de ses émotions, il se coupe aussi du lien avec son épouse : il en résulte encore plus de distance et d'incompréhension mutuelles.

Il est important de connaître ce phénomène pour trouver un juste terrain de confrontation : l'homme doit accepter de rester le plus possible présent pour son épouse lors d'un conflit et la femme doit comprendre qu'elle ne peut pas submerger émotionnellement son mari en le poussant à bout pendant des heures – c'est totalement contre-productif. C'est extrêmement difficile à mettre en œuvre dans le feu de l'action, mais il faut pourtant apprendre à interrompre une dispute quand elle commence à tourner à vide et qu'elle se prolonge au-delà des limites émotionnelles de chacun – quitte à la reprendre plus tard, quand on sera plus calme.

Pour pouvoir entendre ce que l'autre a à dire, il faut savoir se taire. Chaque partenaire doit mettre un point d'honneur à écouter réellement ce que son conjoint lui dit, même quand il exprime sa peine ou sa colère. Chacun doit s'abstenir de répliquer immédiatement alors que l'autre n'a pas fini sa phrase. Plus l'un et l'autre comprennent qu'ils sont accueillis dans l'authenticité de leurs émotions, plus le lien de confiance et d'amour aura de chances de se restaurer.

Au-delà des mots, il est donc précieux d'écouter les émotions sous-jacentes au discours de son conjoint et de tenter de s'adresser directement à elles. Par exemple, quand une épouse exprime sa colère d'avoir été traitée avec négligence, son compagnon peut décider de ne pas répondre du tac au tac à cette colère, mais au contraire, d'évoquer la peine qui en est le véritable moteur : « Je comprends ta colère, mais ce que je vois, surtout, c'est ta peine face à ma négligence. Je suis tellement désolé de t'avoir malmenée de cette manière. »

Dans les premiers échanges, la grande erreur est de vouloir « psychologiser » la relation extraconjugale. La psychologisation du conjoint – généralement c'est la femme qui a un regard « psy » sur son mari – est presque toujours contre-productive : elle braque plus qu'elle n'apaise. C'est parfois une subtile (et inconsciente) tentative de prendre le pouvoir : « Tu ne comprends rien à tes propres motivations, moi je les comprends et je vais te les expliquer. » C'est tout simplement insupportable pour celui à qui on « fait la leçon ».

Cela ne signifie pas qu'il ne faudra pas aborder ensemble la dimension « psy » de l'infidélité ; mais au début, cette démarche est souvent malvenue et prématurée.

Les principes de la « communication non violente[1] » sont extrêmement utiles lors de ces conversations à haut risque, notamment :

• reformuler ce que l'autre vient de dire, afin de s'assurer qu'on a bien compris ce qu'il dit ;

• énoncer ce que l'on ressent, en disant « je », plutôt que de recourir au « tu », qui condamne et juge, en contraignant l'autre à se mettre sur la défensive ;

• expliquer ce qu'on ressent sans supposer que l'autre comprend nos émotions et ressentis sans qu'on ait besoin de lui en parler. Il ou elle n'est pas devin !...

Aborder les questions de fond

Au-delà des faits concrets, il existe un deuxième niveau de communication, où on aborde les questions

1. Le livre de Marshall Rosenberg, *Les mots sont des fenêtres ou des murs*, peut être d'une aide précieuse pour apprendre à communiquer sans s'agresser.

de fond. Il est difficile de s'y soustraire si on veut avancer, mais il faut reconnaître qu'elles ne sont pas indispensables pour la reconstruction du couple. Tous les couples n'ont pas la maturité nécessaire pour faire face aux questions trop profondes ou trop personnelles. Il est donc inutile de se mettre en danger : trop « psychologiser » peut avoir un effet négatif ; il est sage, parfois, de ne pas aller trop loin dans l'introspection !

Cela dit, aborder ensemble les questions de fond est extrêmement utile, mais il faut savoir qu'il est souvent difficile de leur donner une réponse rapide. En effet, bon nombre de nos comportements ont des racines inconscientes qui échappent à notre analyse. Ce n'est qu'à l'issue d'une réflexion en profondeur, sur la durée, qu'on y parviendra... dans le meilleur des cas ! Il est donc indispensable de s'armer de patience et de ne pas exiger de soi et de son conjoint des réponses qui ne viendront que des mois ou des années plus tard.

Voici quelques questions qui pourront vous aider dans votre réflexion. Essayez de répondre à celles qui vous concernent le plus avec un souci d'honnêteté et de transparence.

Questions de la personne trompée sur la relation extraconjugale

- Pourquoi m'as-tu trompé(e) ? Qu'est-ce qui t'y a autorisé(e) ? Comment se fait-il que tu t'es engagé(e) consciemment dans quelque chose qui pouvait me faire du mal ? Pensais-tu à moi ou pas ?
- Est-ce que cette infidélité est une manière de mettre fin à notre relation ? de te venger de quelque chose que je t'aurais fait ? de connaître autre chose ? de me provoquer ?
- Est-ce une façon de compenser quelque chose (un besoin de reconnaissance, un mode de vie déséquilibré, une insatisfaction sexuelle...) ?

• Que cherchais-tu ? Quel est le sens de tout cela ? Qu'est-ce que cela veut dire de notre relation ?

• Qu'aimais-tu de toi quand tu étais dans cette relation ? Qu'y trouvais-tu que tu ne trouves pas dans notre relation ?

• Es-tu prêt(e) à réinvestir notre couple ?

Questions sur les attentes des deux partenaires

• Quelles étaient tes attentes lorsque tu as décidé de vivre avec moi ? Quelles étaient mes attentes lorsque j'ai décidé de vivre avec toi ?

• En quoi ai-je été déçu(e) par toi, par moi, par notre relation ? En quoi t'ai-je déçu(e) ?

• Mes déceptions sont-elles en relation avec des attentes irréalistes sur ce que notre couple était capable de nous donner ?

• Est-ce que tu espérais que notre relation guérisse des blessures de ton passé ou qu'elle répare des carences de ton enfance ?

• Est-ce que tu espérais qu'elle t'apporte une sécurité que je ne pouvais pas t'apporter et que tu as espéré pouvoir trouver ailleurs, avec cette autre personne ?

Questions sur le vécu de couple des deux partenaires

• Quelle place a la sexualité dans notre couple ? Qu'en est-il de notre désir l'un pour l'autre ? Que s'est-il passé ? Comment avons-nous laissé s'éteindre le désir ? Comment le réactiver ? Avons-nous besoin d'une aide professionnelle, d'un sexologue, par exemple ?

• Suis-je ou sommes-nous encore trop fusionnels, au point que tu as l'impression d'étouffer dans notre couple ? Ou as-tu au contraire l'impression que nous sommes devenus des étrangers l'un pour l'autre, au point de ne plus vraiment savoir avec qui nous vivons au quotidien ? Notre quotidien te paraît-il confiné, stérile, fermé ? Comment en sommes-nous arrivés là ? Quelles actions entreprendre pour modifier ce qui peut l'être ? Pourquoi n'avons-nous pas pu nous en parler ? À cause de quoi ? De quoi as-tu peur ? De quoi ai-je peur ?

• À quoi avons-nous renoncé l'un et l'autre dans notre relation ? Quels projets, relations, voies professionnelles, artistiques... ? À quels compromis nous sommes-nous soumis ? En éprouvons-nous un sourd ressentiment, sans jamais avoir pu nous en parler ouvertement ?

• Que vivais-tu dans cette relation que tu ne parvenais pas, plus, à faire vivre dans notre couple ? Comment cette personne répondait-elle à tes besoins ? Cette relation te permettait-elle de te reconnecter avec une partie essentielle de toi que tu avais oubliée ou négligée ? Pourquoi n'as-tu pas pu vivre cela dans notre relation ? Quelle est ma part de responsabilité ? Quelle est ta part ? Comment faire vivre cela aujourd'hui dans notre relation ?

Ce point a déjà été souligné à plusieurs reprises : très souvent, ce n'est pas tant la relation extraconjugale en tant que telle que l'on recherche, mais plutôt un moyen de ramener dans sa vie une partie importante de soi dont on se sentait coupé. C'est cela que l'on doit essayer de retrouver aujourd'hui.

Ce questionnement se focalise surtout sur la personne ayant été infidèle. Cependant, ce qui est valable pour elle l'est également pour son conjoint : la personne trompée doit elle aussi mettre au jour les besoins, les rêves, les aspirations, qu'elle aimerait voir se déployer dans son existence. Il faut que les deux partenaires en prennent conscience, afin d'œuvrer ensemble à les faire exister dans la nouvelle relation qu'ils tentent de construire. C'est ainsi que l'après-infidélité peut être une opportunité d'évolution, tant pour la personne qui a été infidèle que pour la personne trompée.

D'autres questions méritent encore d'être explorées, par exemple :

• Avons-nous mal négocié des événements charnières de notre relation ? Une difficulté à se parler ou un manque d'écoute sont-ils survenus à l'occasion d'un deuil, d'une maladie, de FIV infructueuses, d'avortements, de fausses couches ou encore d'une période de chômage ou de vulnérabilité personnelle ?

• Comment avons-nous vécu l'arrivée des enfants ? Y a-t-il eu un glissement du statut de compagne et compagnon à celui, peut-être exclusif, de mère ou de père ? Comment avons-nous chacun vécu le départ des enfants ?

• Comment vivons-nous chacun la transition du milieu de la vie ? Quels nouveaux besoins, rêves, aspirations émergent en chacun et que nous n'avons pas su accueillir dans notre relation ?

Faut-il tout dire ?

La liste est presque sans fin, tant les situations individuelles sont multiples. Mais une question se pose : par souci d'ouverture et de sincérité, faut-il tout se dire ?

La réponse est claire : non, bien sûr que non ! La personne qui a été infidèle ne doit pas tout à son ou sa partenaire. Il y a des composantes de ce qu'elle a vécu dans la relation extraconjugale qui appartiennent à son jardin secret et elle a le droit de les taire. Cette idée peut être difficile pour la personne qui a été trompée, mais il faut se rappeler que le jardin secret de son conjoint existait même en l'absence de toute infidélité.

On sait d'ailleurs que le fait d'avoir un espace secret où son conjoint n'a pas accès est un facteur de stabilité dans toute relation, quelle qu'elle soit. Il en était ainsi avant l'infidélité, il doit en être ainsi aujourd'hui. La personne trompée doit accepter ces zones secrètes auxquelles elle n'a pas accès, en comprenant que ce jardin secret est une composante vitale pour son couple.

Retrouver une communication de qualité

> « Je me suis tournée vers ce collègue de travail parce qu'il m'écoutait et faisait attention à ce que je lui disais, explique Danielle. Avec mon mari, c'était l'exact opposé : nos échanges étaient vides, factuels, sans aucun intérêt. Au fil des années, nous avions perdu ce feu sacré qui rendait passionnantes nos conversations d'autrefois. Quand il a découvert ma liaison, j'ai immédiatement quitté mon ami pour revenir vers mon mari. Ça a été l'occasion de nous parler en profondeur pour comprendre ce qui s'était passé et comment nous en étions arrivés là. Ce qui est drôle, c'est que nous avons découvert que nous adorons nous parler ainsi : mon infidélité nous a permis de restaurer notre dialogue et nos échanges d'autrefois ! Cela nous a recalés sur un axe très important de notre relation. Il y a eu évidemment des choses à modifier dans nos façons d'être, mais ce retour au dialogue a été capital pour nous. »

Comme le montre le témoignage de Danielle, la découverte d'une relation extraconjugale pousse au dialogue, même s'il est initialement difficile et houleux. Certains n'y parviennent pas, malheureusement, faisant le triste constat d'une communication interrompue depuis trop longtemps déjà. Pour d'autres, cela donne lieu à une prise de conscience où chacun mesure le gouffre de silence et de non-dits qui s'est creusé au fil des années.

La reprise du dialogue est un aspect essentiel de la restauration du couple, bien au-delà de la communication sur les tenants et aboutissants de l'infidélité : quel lien de parole souhaitons-nous restaurer entre nous ? Quelles carences, quels défauts, quels manques seraient à corriger dans notre façon de communiquer ?

La gestion des conflits

John Gottman, psychologue spécialisé dans les relations de couple, affirme pouvoir prédire la durée de vie d'un couple. Contrairement à ce que l'on pense, la bonne entente et la bonne communication au sein du couple ne sont pas les facteurs déterminants : c'est au contraire la manière selon laquelle les partenaires gèrent leurs conflits. Mieux un couple communique au cours des conflits, moins les partenaires ont de risques de se séparer. La force du couple est à la mesure de son maillon faible. La relation extraconjugale mettant le couple en situation difficile, c'est l'occasion « rêvée » de s'entraîner à la bonne gestion des conflits ! Il importe de se poser ces questions : quelle place faisons-nous aux conflits dans notre relation ? Est-ce que nous nous autorisons le conflit ou est-ce que nous faisons tout pour l'éviter ou l'éluder ? Quand un conflit survient, comment l'affrontons-nous ?

L'aide psy

Parfois, la communication est tellement difficile qu'on a besoin d'un tiers pour restaurer le dialogue. On peut aussi avoir besoin d'une tierce personne pour réfléchir individuellement et clarifier sa pensée. Une aide psychologique professionnelle peut alors s'avérer utile. Elle n'est pas indispensable, l'expérience montrant que de nombreux couples se reconstruisent sans le recours à un psy ; mais c'est une option à envisager, car elle peut faire la différence.

Deux possibilités sont à considérer : la psychothérapie individuelle et la thérapie de couple. Leurs objectifs sont différents.

Une thérapie individuelle permettra à l'un comme à l'autre – personne trompée ou personne infidèle –

d'explorer l'impact émotionnel de la situation, les mécanismes de défense, les stratégies d'adaptation, les croyances erronées, les fragilités psychiques, mais aussi les blessures et carences du passé pouvant expliquer certains schémas de comportement ayant mené à l'infidélité. Elle cherchera également à faire émerger le sens profond ou encore la « fonction » de l'infidélité. Elle permettra de prendre de la distance par rapport aux circonstances trop émotionnelles et accompagnera la personne dans ses choix et dans son processus de reconstruction. Elle pourra l'aider à cheminer dans une dynamique de rupture[1]...

La personne trompée ne doit pas imposer une psychothérapie à son conjoint, en faire une condition à la reconstruction, si ce dernier ne le souhaite pas : l'expérience montre que, dans ces circonstances, cela ne fonctionne pas. C'est le désir volontaire et non contraint de s'engager dans cette démarche qui en garantira le succès.

Il faut choisir avec soin le thérapeute que l'on consulte : si on vient le voir avec un projet de reconstruction de son couple, il doit y adhérer, être « l'ami du couple » et ne pas effectuer un travail de sape (conscient ou non). Un thérapeute qui ne maîtrise pas complètement son cadre thérapeutique peut porter un regard biaisé sur l'autre partenaire et conforter son ou sa patient(e) dans ses positions négatives à son égard. Cela ne va évidemment pas dans le sens de la reconstruction.

La thérapie de couple explore davantage les interactions entre les deux partenaires que le contenu de

1. L'approche psy est aussi utile dans les cas de dépendance ou d'addiction sexuelle, bien que peu de personnes souffrant de ces troubles fassent volontairement la démarche d'aller voir un psy... Il existe des alternatives au suivi individuel comme les groupes « *sex addicts* anonymes » qui s'inspirent du programme en douze étapes des Alcooliques anonymes. Une recherche sur internet fournira les pistes nécessaires.

leur vie psychique. Elle vise à mettre au jour les schémas de fonctionnement et les lignes de force positives ou négatives qui régissent le couple. Après une infidélité, la thérapie de couple permet de s'écouter et de comprendre ce qui y a mené, avec l'aide d'un tiers qui est neutre émotionnellement. Elle aide à poser les bases de la reconstruction, en restaurant un échange et en mettant à plat ce qui ne fonctionne plus dans le couple pour y apporter des solutions. Il arrive parfois que la thérapie permette d'arriver à la conclusion que la relation n'est plus viable...

Quand les deux partenaires s'engagent dans une thérapie de couple de façon conjointe, sans que l'un fasse pression sur l'autre, la plus grande partie du chemin a déjà été parcourue car ils sont tous deux en phase dans leur désir de reconstruction. Reste alors à analyser ensemble la série d'événements qui a mené à l'infidélité : la perte de communication, le déclin du désir, la perte du souci de l'autre, qui est devenu progressivement « transparent », l'impact de l'arrivée ou du départ des enfants... Le thérapeute peut être amené à pointer des failles ou les blessures personnelles qui relèveraient plus d'une thérapie individuelle ; les deux démarches peuvent être menées de front.

Restaurer la confiance

« Dès que j'ai découvert la relation extraconjugale de mon épouse, confie Martial, je lui ai demandé de l'arrêter et de donner une chance à notre couple. Elle a accepté et j'ai cru naïvement que le plus gros était fait. Quelle erreur ! Je ne réalisais pas combien son infidélité avait miné la confiance que j'avais en elle. Il m'a fallu presque un an pour la lui accorder à nouveau. »

Qui dit infidélité dit perte de confiance, c'est inévitable. La restauration de la confiance est un autre pilier de la reconstruction du couple. Cette tâche incombe en premier lieu à la personne qui a été infidèle, mais il faut savoir que la personne trompée peut, par son attitude, favoriser ou au contraire freiner cette démarche.

Restaurer la confiance signifie restaurer la sécurité au sein du couple : sans sécurité relationnelle, il n'y a pas de confiance possible. Mais il faut être lucide, et patient : le retour à la sécurité relationnelle peut prendre des mois, voire des années. Il passe par une multitude d'actes concrets et symboliques qui affirment, jour après jour, le désir de s'investir dans la relation.

Les comptes en banque émotionnels

Dans *Ensemble mais seuls*, je parle de « comptes en banque émotionnels » pour évoquer le fait que, dans nos relations amoureuses, tout se passe comme si nous avions un compte en banque émotionnel au nom de la personne que nous aimons. À l'image d'un compte réel, notre solde, chez cette personne, peut être créditeur ou débiteur. Il est crédité par nos dépôts d'amour : nos gestes d'affection, les moments où nous offrons notre écoute ou nos encouragements pour tel ou tel projet qui lui tient à cœur, notre soutien indéfectible quand elle a perdu un de ses parents, les Post-it amoureux qu'on a pris l'habitude de lui déposer sur la table du petit déjeuner, etc. Ce sont tous ces actes qui disent et qui montrent notre amour.

Ce compte est débité par nos manquements et négligences envers cette personne, par notre non-prise en compte de l'autre dans les décisions importantes, par les critiques ou les mots violents que nous lui adressons au cours de nos disputes, par nos attitudes de fermeture quand on refuse le dialogue, etc. Certains événements entraînent également des retraits massifs, comme la découverte d'une relation extraconjugale ou une trahison de l'intime.

Plus le compte émotionnel de chaque partenaire est créditeur, plus la relation est stable et capable d'amortir les coups durs. Lorsque les comptes sont « limites » ou franchement débiteurs, la relation est en danger car le moindre retrait supplémentaire, si minime soit-il, fait sombrer dans le rouge !

Après une infidélité, le compte de la personne ayant trompé est dans le rouge et un des enjeux majeurs de la reconstruction du couple est de recréditer le plus possible le compte d'amour dans le cœur de son ou sa partenaire. De nombreux « dépôts » sont nécessaires avant d'arriver à un solde créditeur, qui correspondent à trois types de comportements : établir avec son ou sa partenaire un dialogue honnête et sincère sur la relation extraconjugale – nous venons d'en parler ; renoncer à la relation avec l'autre personne ; être fiable.

Renoncer à la relation avec l'autre personne

Faut-il que la personne qui a été infidèle coupe toute relation avec l'autre personne pour rendre possible la restauration de la confiance ? Les auteurs psy américains sont très radicaux à ce sujet : ils préconisent une rupture nette, définitive, irrévocable avec l'amant ou la maîtresse. Au sujet de l'infidélité, il existe une différence très marquée entre les États-Unis et l'Europe : un homme politique américain peut voir sa carrière réduite à néant pour une histoire extraconjugale, alors que la fille d'un président français issue d'une relation extraconjugale peut assister aux obsèques de son père aux yeux du monde sans provoquer de cataclysme. De notre côté de l'Atlantique, les positions ne sont pas aussi tranchées et on observe de multiples aménagements qui ne viennent pas nécessairement faire obstacle à la restauration de la confiance.

Néanmoins, s'il doit y avoir une rupture franche et nette dans la relation extraconjugale, c'est au niveau intime et émotionnel. Tout contact intime de la personne infidèle avec l'autre personne pérennise la dimension émotionnelle de la relation ; elle y reste donc attachée. Certes, on ne pourra jamais éliminer définitivement, dans l'esprit et le cœur de la personne ayant été infidèle, le souvenir de la dimension émotionnelle de la relation extraconjugale car des choses importantes y ont été vécues ; mais si elle veut réinvestir son couple, cette personne doit se rendre le plus disponible possible émotionnellement à son ou sa partenaire. Si un contact intime avec l'autre personne vient régulièrement nourrir un rapport émotionnel fort en dehors de la relation de couple, il lui sera plus difficile de s'y réinvestir.

Voilà ce qui est préconisé. Dans la réalité, les choses sont beaucoup moins simples. Nous avons déjà parlé de l'ambivalence et elle s'exprime ici avec force : tout en étant d'accord sur la nécessité d'un éloignement intime, la personne infidèle a, au début, beaucoup de difficultés à renoncer. Aux yeux de la personne trompée, c'est la poursuite de ce type de lien qui est le plus menaçant ; il jette le doute sur les sentiments que son conjoint continue à éprouver pour l'autre personne. Cela peut fragiliser la confiance qu'elle essaie de reconstruire.

« Je sais qu'il a toujours des contacts avec cette personne, dit Martha. Au début, cela me dérangeait beaucoup mais je ne disais rien. Maintenant, un an après, ça ne m'inquiète plus car j'ai suffisamment de réassurance sur son investissement dans notre relation. Je ne me sens plus menacée par ces contacts. »

L'insécurité de la personne trompée peut également se nourrir des attitudes jugées trop protectrices ou trop empathiques de son conjoint vis-à-vis de l'autre personne.

> « J'ai vu mon mari parler avec cette femme sur Skype, raconte Élise. Je savais qu'il avait décidé de rompre avec elle mais il voulait y mettre les formes pour ne pas la blesser. Après de nombreuses discussions, j'ai fini par accepter qu'il ait ces contacts avec elle, afin de lui permettre de finir cette relation "élégamment", pour reprendre ses termes. Ce qui me blesse le plus, c'est qu'il n'a jamais cherché à être "élégant" avec moi durant sa relation. Donc, quand je le vois aussi soucieux de ne pas lui faire du mal, ça m'énerve prodigieusement – et ça m'inquiète. Mais bon… on a passé un accord et je dois m'y tenir. »

Même si elle est déstabilisée émotionnellement par sa séparation, la personne ayant été infidèle doit veiller à ne pas trop montrer son désarroi, son ambivalence ou même sa déprime à son ou sa partenaire. Bien que cette attitude révèle une réelle volonté de mettre fin à la relation extraconjugale, cela crée une inutile angoisse chez la personne trompée.

S'inquiéter pour l'autre personne

De même, la personne ayant été infidèle devra faire attention à réprimer son désir de s'enquérir de son amant(e). Disons-le clairement : elle n'est pas la bonne personne pour prendre soin de son amant ou de sa maîtresse après la rupture. Certes, son intention est sincère (vérifier que l'autre ne souffre pas trop), mais les effets sont contre-productifs. Cette autre personne peut tellement souffrir de la rupture qu'elle s'accrochera au moindre signe, espérant fébrilement le retour de la personne qu'elle aime et qu'elle a aujourd'hui perdue. La sollicitude et la douceur de la personne infidèle risquent d'être interprétées comme des messages d'espoir et peuvent réactiver en elle un feu qu'elle croyait éteint. Si cette dernière est trop gentille ou trop attentionnée, elle peut d'ailleurs créer des conditions qui permettront la reprise de cette relation ! Ainsi, un au revoir ne laissant pas de place au doute est parfois la plus grande marque d'amour et de respect que l'on puisse donner. Cela permet à l'autre d'entrer pleinement et définitivement dans le douloureux processus de deuil de la relation – et de s'en libérer.

« Il m'a dit qu'il allait arrêter de me voir, se souvient Bénédicte. Je n'acceptais pas d'être mise devant le fait accompli, face à quelque chose où je n'avais pas mon mot à dire. Je me sentais complètement niée et rejetée sans ménagement. Jamais on ne m'avait traitée ainsi : ce n'était pas moi qui l'avais arraché à son mariage, c'est lui qui m'a fait une cour tellement assidue que j'ai craqué devant tant de prévenance. Jamais je n'avais témoigné autant d'attention et d'affection à un homme. Jamais je n'ai dénigré son épouse. Et maintenant il me quitte, en me disant qu'il tient à son couple ! Je sais bien que je suis la maîtresse et que je n'ai rien à dire, mais c'est tellement injuste et douloureux de me faire subir ça. »

Si l'évitement est impossible

Lorsque la personne ayant été infidèle parvient à couper les ponts avec l'autre personne, l'arrêt de toute communication et de toute rencontre fait alors progressivement mourir le lien d'amour. Certains vont jusqu'à se débarrasser des lettres et autres souvenirs, afin de se signifier clairement qu'ils tournent la page. D'autres conservent secrètement un petit souvenir de cette relation, au risque d'être découvert par leur conjoint qui ne comprendra pas toujours le sens de cet acte... La prudence s'impose pour ne pas faire du mal inutilement.

Mais dans certains cas, la mise à distance radicale de l'autre est impossible : c'est un(e) voisin(e), un(e) collègue, quelqu'un qu'on croise régulièrement. Lorsque cela arrive, certains ne peuvent pas s'empêcher d'échanger des regards appuyés qui en disent long sur ce qu'ils ressentent encore ; d'autres ont, en revanche, besoin d'afficher un visage fermé afin de ne pas se trahir si des sentiments sont encore présents... L'ambivalence jettera longtemps le trouble dans les pensées.

> « Mon amie n'arrive pas à comprendre ma position, se désole Henri après avoir rompu avec elle. Elle ne cesse de me dire que nous étions amis avant d'être amants : pourquoi ne pas nous revoir à nouveau en tant qu'amis ? C'est peut-être possible pour elle mais moi, je n'y arrive pas. J'ai besoin de couper avec elle. Je m'y suis engagé auprès de mon épouse et je veux mettre toutes les chances de notre côté pour qu'on puisse se retrouver. J'ai tellement à perdre si on se sépare que je ne peux pas me permettre de rester entre deux eaux. »

Comment faire, alors, pour garantir une distance émotionnelle propice à la restauration de la confiance ?

Au travail, il est recommandé d'éviter au maximum les conversations personnelles sur sa vie, ses sentiments, son couple, les enfants... en fait, tout ce qui relève de l'intime et qui comporte une tonalité trop émotionnelle. Les contacts doivent rester professionnels, sans partager avec l'autre personne les étapes de la reconstruction du couple. Il faut s'attendre à de vives réactions de la part de cette personne car elle va se sentir blessée ou déstabilisée par ce changement radical de communication. Au pire, elle peut riposter face à ces attitudes en proférant des menaces ou se livrer à des tentatives de chantage émotionnel (« Je vais tout révéler à tes parents ou à nos collègues », « Je vais me suicider »...).

Comme des rencontres fortuites risquent de se produire, on peut avoir convenu d'en faire part à son ou sa partenaire. Il est même recommandé de le faire avant qu'il ou elle ne le demande. Comme il (elle) est méfiant, s'il (elle) sait qu'une telle rencontre a eu lieu, il (elle) peut avoir besoin que son conjoint lui en parle spontanément, tout silence au sujet de cet échange pouvant être interprété comme la menace du retour d'un nouveau lien d'intimité. L'expérience montre qu'en agissant ainsi, les personnes gagnent des points de confiance auprès de leur conjoint.

Attention aux attitudes extrêmes

Dans son exigence de transparence sur les rencontres avec l'autre personne, la personne trompée doit faire preuve de sagesse et de discernement : une attitude trop extrême de surveillance où elle s'arrogerait le droit de contrôler les moindres allées et venues de son conjoint peut s'avérer néfaste à long terme. De même si elle exigeait que son conjoint change de milieu professionnel pour ne plus être à proximité de l'autre personne. Elle peut se sentir dans son plein droit à exercer une telle pression : elle a peur et elle cherche à se rassurer ; mais c'est un message de défiance qu'elle envoie constamment à son conjoint – parfois même, c'est une manière très inconsciente de le punir de l'infidélité, en exerçant sur lui un pouvoir par le biais d'une sourde culpabilisation.

Cela peut aboutir à une impasse relationnelle : le conjoint ne peut plus être dans la vérité par rapport aux contacts réguliers qu'il (elle) a avec l'autre personne car son (sa) partenaire se déchaîne dès que son nom est prononcé… Sans s'en rendre compte, la personne trompée crée un climat négatif qui peut aller à l'encontre de la reconstruction du couple et précipiter une séparation qui n'était pas souhaitée initialement !

Être fiable

Qu'est-ce qu'être fiable dans ce contexte de l'infidélité ? C'est dire ce que l'on fait et faire ce que l'on dit.

Comme la personne infidèle a souvent menti pour protéger sa relation, la personne trompée a désormais besoin de preuves concrètes avant d'accepter de croire ce que lui raconte son conjoint. Le docteur Janis Abrahms Spring affirme que la personne trompée peut activement participer à la restauration de la confiance en dressant pour son conjoint une liste des comportements qui la rassurent. Cela lui donne une sorte de guide sur ce qu'elle attend de lui. Cette liste peut comporter des requêtes très spécifiques, comme « J'ai besoin que tu me dises si (ou quand) tu croises cette personne » ; « J'ai besoin que tu me dises que tu tiens à moi et que tu te montres affectueux – cela me rassure et me montre que tu souhaites t'impliquer à nouveau auprès de moi » ; « J'ai besoin que tu rentres plus tôt à la maison pour qu'on passe de vraies soirées ensemble », etc.

Beaucoup s'engagent à la transparence en donnant leur parole d'honneur et cela convient à leur conjoint. Mais parfois la personne trompée a besoin de plus. Elle peut demander que son conjoint s'engage à lui montrer son relevé de téléphone portable, son historique internet, sa correspondance mail, ses factures d'hôtel ou de restaurant, ses relevés de carte bancaire… Elle ne se sent rassurée que si son conjoint lui précise où il se rend, quand et avec qui il se trouve, appel téléphonique à l'appui pour vérifier ses dires ou pour prévenir du moindre retard. Certains vont jusqu'à installer un service de géolocalisation sur le téléphone mobile de leur conjoint pour s'assurer qu'il (elle) est bien là où il (elle) dit être ! D'autres exigent que leur conjoint quitte le club de sport où s'est faite la rencontre... Ces attitudes extrêmes ne sont pas aussi rares que cela. Elles cèdent rapidement quand la personne trompée se rassure au regard de la constance et de la bonne foi de son conjoint.

Néanmoins, rien n'est acquis définitivement : il faut être conscient que la restauration de la confiance est très fragile dans les premiers temps ; la personne ayant été infidèle doit parfois faire preuve d'une « hyperfiabilité » sur la durée avant que son conjoint ne commence à lâcher du lest. Au moindre faux pas, elle revient à la case départ, pleine d'une méfiance qu'il faut à nouveau apaiser... Cela demande beaucoup de patience de la part de la personne qui a été infidèle, qui doit s'efforcer de surmonter le désagréable sentiment d'être traquée et suivie à la trace.

> « Pendant des mois, mon mari a fait beaucoup d'efforts pour reconquérir mon amour, explique Florence, mais, un jour, j'ai appris qu'il avait croisé cette femme au supermarché et il ne m'en a pas parlé. Je sais qu'il n'y a plus rien entre eux mais le silence de mon mari a réduit à néant la confiance que je recommençais à avoir en lui. Je le lui ai dit et il a fallu tout reprendre à zéro. Je mesure combien tout cela est fragile... »

Il faut le rappeler : les exigences et les vérifications constantes du partenaire ne reflètent pas un désir de nuire, mais sont plutôt motivées par la peur et le besoin de se rassurer. La personne ayant été infidèle doit le comprendre, même si c'est pesant au quotidien. Il appartient aussi à la personne trompée de pondérer ses angoisses et d'apprendre à dépasser ses peurs.

Elle doit veiller à ne pas alourdir son couple, qui reste dans un état de grande fragilité.

Si la personne trompée se sent constamment submergée d'angoisse, il y a manifestement un problème personnel qu'un travail de psychothérapie individuelle pourrait aider à résoudre (par exemple, la relation extraconjugale fait émerger le traumatisme d'un abandon émotionnel dans l'enfance).

Garder la juste mesure

En répondant concrètement et avec constance aux requêtes raisonnables de son conjoint, la personne qui a été infidèle envoie un message fort : elle fait la preuve de son désir de réinvestir le couple ; par sa détermination et sa bonne volonté, elle signifie son attachement et son amour. C'est souvent l'occasion, pour la personne trompée, d'exprimer son soulagement et sa gratitude à être comprise et entendue. On entre dans un cercle vertueux qui laisse augurer une reconstruction de grande qualité.

Les demandes ne doivent pas être vécues par la personne qui a été infidèle comme une atteinte à son intégrité ou à sa liberté (par exemple démissionner pour rassurer sa partenaire), ses efforts ne doivent pas devenir des sacrifices insupportables sur le long cours. Si tel est le cas, il est indispensable que les deux partenaires trouvent un autre terrain d'entente car, autrement, on court à l'échec… La personne trompée doit être consciente que certains changements qu'elle requiert sont parfois illégitimes. Et refréner une tendance qui peut consister à penser à tort que tous ses soucis, son manque de confiance ou tous ses problèmes sont liés à l'infidélité de son ou sa partenaire.

La personne trompée a des droits et aussi des devoirs vis-à-vis de son conjoint qui fait des efforts pour restaurer la confiance. C'est un échange et un partage.

« Quand Sylvie, mon épouse, m'a exposé ce qu'elle attendait de moi pour retrouver confiance, je lui ai répondu que j'attendais aussi des choses d'elle. Je me suis tourné vers mon amie Catherine parce que je ne sentais plus d'amour de la part de Sylvie, qui avait surinvesti son rôle de mère. J'étais devenu un meuble ! Je lui ai donc demandé de me dire et de me montrer explicitement son amour, par exemple en acceptant de partir de temps en temps en week-end avec moi, sans notre fille. C'est hyper-important à mes yeux. »

« Si je demande à ma femme de changer, je dois changer moi aussi ; c'est inévitable si on veut rester ensemble, reconnaît Gérald. Je me doute bien que j'ai ma part dans son aventure avec son cousin. Ces choses-là n'arrivent pas par hasard. Moi aussi, je dois me remettre en question : je suis convaincu que ce ne sont que par les changements que nous allons réaliser en chacun de nous que nous aurons une chance de nous retrouver. »

Il y a les actes concrets, il y a aussi l'attitude. Nous avons déjà parlé de l'état d'esprit qui consiste à faire comme si on éprouvait des sentiments d'amour et de complicité retrouvés, alors qu'on ne les ressent pas pleinement. Faire comme si n'est pas mentir, ni à soi-même ni à l'autre ; c'est au contraire exprimer la volonté d'ouvrir largement un espace relationnel où de nouvelles émotions pourront se déployer.

Pardonner

Selon un sondage BVA de 2010, 61 % des Françaises interrogées pardonneraient l'infidélité de leur conjoint. Selon un sondage TNS Sofres de mai 2008 pour le magazine *FHM*, 48 % des Français pensent qu'on ne peut pas pardonner la tromperie de son conjoint. Si 52 % des sondés pensent qu'un tel acte est pardonnable, 72 % de ceux qui ont déjà trompé leur compagne pourraient pardonner, le cas échéant, son infidélité.

Avec la restauration de la confiance, le pardon est au cœur de la reconstruction du couple après l'infidélité. Mais on se trompe très souvent sur le sens véritable du pardon ! En effet, pardonner, ce n'est pas oublier ou faire comme si rien ne s'était passé.

Ce n'est pas non plus étouffer en soi la colère, le ressentiment, la peine, la perte de confiance en soi et en l'autre – ou tout autre sentiment négatif à l'égard de son conjoint, en présentant un visage lisse et souriant alors qu'on continue à souffrir à l'intérieur. C'est encore moins se forcer à remplacer les sentiments négatifs par des sentiments positifs. Pardonner ne signifie pas qu'on n'aura plus jamais de la colère ou du ressentiment vis-à-vis de son conjoint.

Ce n'est pas passer à autre chose sans qu'aucun changement significatif soit mis en œuvre. Ce n'est pas fermer les yeux ou minimiser l'impact de ce qui s'est passé, en laissant à l'autre la possibilité d'une nouvelle aventure. Ce n'est pas accepter les actes de la personne qui a offensé, sans qu'il y ait des conséquences pour elle.

Pardonner ne signifie pas qu'on est faible, encore moins qu'on est « une bonne poire »... Alors que signifie pardonner dans le contexte de l'infidélité ?

Le pardon et le retour de la confiance évoluent en parallèle. Tout ce que la personne qui a été infidèle fera pour restaurer le sentiment de sécurité au sein du couple aidera la personne trompée à accéder au pardon. En effet, pardonner, c'est accepter d'abandonner progressivement la colère et le ressentiment que l'on éprouve à l'égard de son conjoint. Tant que persistent en soi l'amertume et le désir de faire mal, le pardon n'est pas possible. Comme derrière la colère se trouve toujours de la souffrance, pardonner revient aussi, pour la personne trompée, à apaiser sa propre souffrance et à restaurer son sentiment de sécurité intérieure : on ne souffre plus de l'infidélité quand on n'est plus en colère ; et ne plus être en colère résulte du fait de se sentir en sécurité.

Les obstacles au pardon

Certaines situations rendent impossible le pardon. Lorsque la personne trompée suspecte que son conjoint poursuit sa relation extraconjugale, alors qu'il a affirmé l'avoir arrêtée, le pardon est impossible. De même lorsque le conjoint a mis un terme à sa relation mais reste extrêmement ambivalent dans son désir de reconstruction. L'insécurité persistant, la personne trompée reste sur le qui-vive, ce qui est incompatible avec une démarche de pardon. Si la personne infidèle minimise ou tourne en dérision la détresse de son ou sa partenaire, en ne lui manifestant aucune empathie, le pardon est encore impossible. Il est peut-être même temps de sérieusement remettre en question la relation !

Parfois, la démarche de pardon s'avère impossible, alors que la personne ayant été infidèle déploie de sincères efforts de reconstruction. Très souvent, cette impossibilité à pardonner de la personne trompée renvoie à des blessures du passé : trahison de la confiance ou abandon par un parent, abus de tout ordre, etc. Nous en avons déjà parlé.

Pardonner implique pour les personnes trompées de renoncer à un éventuel statut de victimes. Certaines restent « scotchées » sur ce qui s'est passé et ne parviennent pas à aller au-delà. Semaine après semaine, elles s'enlisent dans une litanie de reproches qui ne cèdent pas au fil du temps. Nous l'avons dit, cette culpabilisation incessante traduit souvent une subtile (et inconsciente) volonté d'exercer un pouvoir sur le conjoint infidèle. Si celui-ci ne s'oppose pas à cette culpabilisation excessive, il demeure sous l'emprise de son (sa) partenaire. Cette prise de pouvoir peut être une forme de vengeance pour tenir le conjoint en otage en lui refusant le pardon dont il a besoin. C'est également une manière de miner son estime de lui-même, en soulignant sans cesse combien il est un être malfaisant...

Comment pardonner ?

Le grand piège est de vouloir accorder trop rapidement un pardon de surface, poussé par le désir de revenir au plus vite à la normale. Le pardon trop rapide cache la peur du conflit et des discussions de fond. Ce type de pardon ne permet pas de travailler en profondeur la colère et la peine, alors que leur apaisement est le moteur du pardon : on enfouit en soi la souffrance et on se prive de l'indispensable remise en question du couple que l'infidélité appelle nécessairement. Un pardon trop rapide peut aussi donner à la personne infidèle l'impression que son infidélité n'est pas si grave aux yeux de son ou sa partenaire... et qu'il est possible de recommencer !

Pardonner est en fait un processus qui s'inscrit dans la durée. La psychologue Janis Abrahms Spring donne une feuille de route pour promouvoir le pardon.

Accorder le pardon, c'est :

- exprimer sa peine et ses émotions le plus clairement possible, sans (trop) culpabiliser ni agresser l'autre – c'est dire simplement là où on en est émotionnellement ;
- comprendre les vulnérabilités et les fragilités émotionnelles de son ou sa partenaire ;
- exprimer clairement ce qu'on attend de lui ou d'elle et ce que l'on peut – ou non – tolérer ;
- exprimer clairement ce qu'on pardonne ;
- oser des actes symboliques de pardon ;
- formuler explicitement son pardon par la parole ou par l'écrit ;
- accepter, un jour, de ne plus revenir en boucle sur l'offense qui a été faite et se tourner vers l'avenir.

Demander pardon, c'est :

- identifier ce qu'on souhaite voir pardonner par son ou sa partenaire : les erreurs, les négligences, les comportements abusifs... ;
- présenter de sincères excuses pour la douleur qui a été infligée ;
- demander explicitement : « S'il te plaît, pardonne-moi » ;
- accomplir des actes concrets qui vont dans le sens du pardon.

La démarche de pardon demande un engagement des deux partenaires, alors qu'on pense trop souvent que le pardon est de la seule responsabilité de la personne qui a été offensée. Le conjoint ayant été infidèle doit rendre possible le pardon chez son ou sa partenaire. Chacun doit faire l'effort d'aller vers l'autre. Le pardon est un processus avide d'actes et de paroles de réconciliation, d'investissement, d'attention, d'intimité retrouvée. La personne qui a été infidèle peut faire chaque jour ce cadeau à son conjoint.

« Quand je regarde ce qui a mené mon mari à l'infidélité, je retrouve bien sûr des raisons qui lui sont propres, explique Martha, mais, si je suis honnête avec moi-même, je dois reconnaître que j'ai ma part de responsabilité dans ce qui s'est passé : je me suis complètement coupée de lui pour me focaliser sur mon activité professionnelle, qui est particulièrement intense, je ne prêtais plus attention à moi et j'ai cessé d'être coquette... Si on parle de pardon après l'infidélité, j'ai peut-être aussi des choses à me faire pardonner. »

Un manque d'attention à l'autre ou des critiques constantes, la raréfaction des rapports sexuels, la négligence de soi au niveau physique ou intellectuel, la focalisation sur les enfants ou sur l'activité professionnelle (pour les hommes essentiellement) peuvent aussi appeler au pardon pour la personne qui a été infidèle. Si la personne qui a été trompée a contribué à l'éloignement de son conjoint, plus elle fera amende honorable sur sa part de responsabilité, plus il sera enclin à faire de même.

Comment sait-on que le pardon est pleinement accordé, reçu et partagé ? Quand il n'y a plus de souffrance résiduelle chez aucun des partenaires et quand ils peuvent parler entre eux de cette période pénible de leur vie avec détachement, voire avec humour ou complicité, comme l'explique Vincent :

« Deux ans après mon aventure avec Adrienne, je me suis inscrit à une nouvelle salle de sport avec mon épouse. Il se trouve que j'avais rencontré Adrienne dans un club de sport. La jeune femme qui nous a reçus à la réception était vraiment très belle et j'ai senti sur moi le regard amusé de mon épouse, alors que je remplissais les papiers d'inscription. Je savais qu'elle savait que je trouvais cette femme très belle et je savais ce qu'elle pensait... Je lui ai lancé : "Bon... ça va !", mi-gêné mi-complice. Elle a souri et m'a murmuré à l'oreille qu'elle m'aimait. J'ai su à cet instant que tout était derrière nous et qu'elle m'avait pardonné. J'étais superheureux! »

Réinvestir la sexualité

Peu après la découverte de la relation extraconjugale, l'intimité sexuelle est parfois la dernière chose dont on ait envie, tant pour la personne trompée que pour la personne infidèle. On a trop mal, on est trop troublé, trop insécurisé... Les uns ont besoin d'une proximité physique avec leur conjoint, mais ils la rejettent sous le coup de la colère ou par peur de décevoir. Les autres ont la nostalgie du corps de la personne auquel ils ont dû renoncer; ils ont du mal à rallumer la flamme de leur désir pour le corps de leur conjoint qu'ils ne connaissent que trop...

Retrouver une intimité sexuelle après l'infidélité est un vrai défi. En parler ouvertement est incontournable dans la démarche de reconstruction mais c'est un terrain extrêmement délicat. D'ailleurs, certains couples n'y parviennent pas et ont besoin d'une aide professionnelle (un sexologue par exemple) pour tenter de réactiver le désir.

Tant que l'un ou l'autre des partenaires ne se sent pas en sécurité dans la relation, la sexualité aura du mal à reprendre. Très souvent, en effet, l'intimité sexuelle suit de près le retour de l'intimité émotionnelle, celle-ci étant directement liée au sentiment de sécurité; le retour de la sexualité va donc de pair avec la restauration de la confiance.

Quand le désir n'est pas là

Le désir est-il définitivement mort ? Peut-il être ranimé ? Et comment ? Va-t-il (elle) me comparer avec l'autre personne ? Trouvait-il (elle) avec elle (lui), un plaisir que je ne parviendrai jamais à lui donner ?... Ces questions sont parfois au premier plan quand chacun envisage de réinvestir la relation. Il est extrêmement difficile de définir des règles précises quand on considère le renouveau du désir après l'infidélité. Chacun tente de trouver la voie la plus juste...

« Après l'infidélité de mon mari, nous avons mis les choses à plat, explique Olivia, 45 ans. Nous avons fait le constat que nous n'avions plus aucun désir physique l'un pour l'autre, mais nous avons néanmoins choisi de rester ensemble car nous tenons énormément l'un à l'autre. On a essayé de se séparer (pendant six mois) mais ça nous a rendus tellement malheureux que nous sommes rapidement revenus ensemble. Où en sommes-nous aujourd'hui ? Nous avons scellé un pacte : nous nous autorisons des aventures dont nous nous parlons ouvertement – pas dans le détail, mais en toute transparence. C'était très bizarre au début car j'avais l'impression de donner à mon mari l'autorisation de me tromper, alors que j'avais tant souffert de son infidélité ! Mais ça fonctionne et je m'autorise moi aussi des rencontres... Nous n'en parlons à personne mais cela crée entre nous une complicité et une tendresse que je n'aurais jamais pensées possibles dans de telles conditions. »

« J'aimais ma femme, reconnaît René, mais je n'étais plus amoureux d'elle et je ne la désirais plus. On a beaucoup parlé après qu'elle a découvert ma liaison avec une femme que j'ai rencontrée dans une association où je suis bénévole ; elle me disait qu'elle me désirait toujours et je me sentais très coupable de ne plus rien ressentir pour elle physiquement. On a essayé de fonctionner sans sexualité pendant un an mais ça n'a pas marché et on a pris la décision de se séparer. J'ai 37 ans et je ne pouvais pas accepter de tirer un trait sur ma sexualité. J'avais l'impression d'un beau gâchis, mais je sais très bien que je serais retourné vers une autre femme si on avait continué comme ça. »

« Mon épouse croit que je lui suis à nouveau fidèle, avoue Jean, mais je continue à avoir des aventures de temps à autre. Je mets un point d'honneur à ne plus m'impliquer émotionnellement, mais je ne sais pas si cela fait une grande différence, au bout du compte : je continue à la tromper en dépit de mes promesses. L'alternative à cette situation ? Ce serait de la quitter mais je n'y arrive pas – et surtout je ne le souhaite pas. Elle non plus d'ailleurs, c'est pour cela que notre couple n'a pas explosé après qu'elle a découvert ma dernière relation. Finalement, comme nous n'avons plus du tout de vie sexuelle, la tromper est la seule façon de préserver notre couple… »

« Quand j'ai quitté mon amant pour retrouver mon mari, se souvient Pascaline, je voulais avant tout préserver ma famille, mais je savais que je mettais de côté ma vie de femme, car je n'avais plus de désir pour mon mari. Au fur et à mesure que nous nous retrouvions, nous avons commencé à faire du sport ensemble. Il a perdu du poids et a retrouvé sa silhouette d'autrefois, il faisait plus attention à lui et moi aussi, je sentais une nouvelle vitalité en moi… Je ne sais plus exactement comment cela s'est passé, mais on s'est retrouvé un jour dans le lit à faire l'amour comme au premier jour ! Depuis, on a renoué avec une sexualité que je croyais complètement éteinte. »

« Quand je suis revenue vers mon mari après deux ans de relation extraconjugale, raconte Véra, je savais que la sexualité resterait un point noir dans la relation que nous essayions de rebâtir. Je ne le désirais plus et lui vivait très mal ce refus d'intimité. Mais il y avait ce lien très fort entre nous et nous avons décidé de rester ensemble. Depuis, c'est on-off. Parfois, j'accepte qu'il me fasse l'amour – c'est assez rare, je dois le reconnaître –, parfois, c'est au-dessus de mes forces. Il accepte cette situation, même si je sais qu'il est très frustré. Je lui ai proposé d'aller voir d'autres femmes, mais il ne veut pas. Il dit qu'il m'aime et que je suis la femme de sa vie, même s'il doit se résigner à ne pas être désiré... Cela fait maintenant cinq ans qu'on vit ainsi : on a retrouvé une belle harmonie, on fait des tas de choses ensemble... sauf l'amour. Ce n'est pas pleinement satisfaisant mais ce n'est pas non plus de la résignation de sa part, ni de la mienne ; c'est juste ainsi... »

Ces témoignages illustrent différentes attitudes face à la perte de désir : entre la rupture définitive et l'ouverture à une sexualité plus libre, tous les cas de figure existent et chaque couple trouve son modus vivendi avec plus ou moins de bonheur.

Un couple peut-il fonctionner sans sexualité ? La réponse est oui et de nombreux exemples en attestent. C'est un choix, même s'il comporte de nombreuses frustrations et de nombreuses questions sans réponse. Aucune situation n'est idéale. S'il n'y a plus rien au niveau sexuel, il faut que le couple ait la possibilité de se reconstruire autour d'autres pôles suffisamment forts pour que la frustration sexuelle ou une nouvelle relation extraconjugale ne vienne pas tout remettre en question. Plus que jamais, il faut être honnête envers soi et assumer les choix que l'on fait, sans en faire indûment payer les conséquences à son conjoint.

Certaines questions peuvent aider le couple à avancer :

• Que s'est-il passé entre nous sexuellement ?

Quand le désir a-t-il commencé à déserter notre relation ? Pourquoi ? À cause de quoi ? Pourquoi n'avons-nous pas pu en parler ensemble ?

• Que recherchais-tu dans ta sexualité avec cette autre personne ? Qu'est-ce que tu y trouvais que tu ne trouvais plus dans nos rapports ? Est-il possible que tu retrouves dans nos relations ce que tu trouvais avec cette personne ?

• Qu'est-ce que tu n'aimes pas dans notre sexualité ? Est-ce que mon aspect physique est en cause ? S'agit-il d'autre chose ? Quels changements souhaiterais-tu voir ?

• Est-ce que, pour le moment, tu me désires encore ? Si non, penses-tu que cela pourra évoluer ? Pourquoi ? Si tel est le cas, comment envisager notre vie de couple ?

• Quels sont tes besoins ? Y a-t-il des désirs ou des fantasmes que tu souhaiterais vivre dans notre couple ? Pouvons-nous en parler ouvertement et sans tabou ?

Prendre soin de la relation

> « Après l'infidélité d'Océane, explique Romain, il a fallu redéfinir ce que nous attendions l'un et l'autre parce que, manifestement, c'est notre fonctionnement de couple qui a poussé mon épouse dans les bras de cet homme. En discutant, nous avons mis au jour des manques et des négligences qui se sont accumulés au fil du temps, au point de nous rendre presque étrangers l'un à l'autre. Il fallait qu'on donne de nouvelles bases à notre couple. Qu'on prenne soin de notre relation. »

Comprendre ce qui s'est passé, réapprendre le quotidien, restaurer la communication, restaurer la confiance, apprendre à pardonner sont des étapes essentielles à la reconstruction, mais ce n'est pas encore suffisant : il faut restaurer ce que Steven D. Solomon et Lorie J. Teagno appellent « l'intimité émotionnelle », « ce qui permet au couple de continuer à croître après la phase initiale (et éphémère) de la fusion amoureuse. Sans cette intimité, l'amour s'érode, le lien d'amour s'affaiblit et la relation se dégrade progressivement ».

Après l'infidélité, l'enjeu principal est de restaurer cette intimité émotionnelle qui est double : il faut œuvrer à retrouver une intimité de cœur dans la relation mais il est tout aussi indispensable de retrouver une intimité avec soi-même[1].

Réinvestir la relation

Après l'infidélité, le couple est abîmé et meurtri. Néanmoins, s'il n'a pas volé en éclats et si la résolution de rester ensemble est plus forte que le désir de se séparer, il est important de prévenir le risque d'une autre mésaventure... Voici quelques conseils.

S'efforcer de se regarder d'un œil neuf

Comme l'écrit John Gottman, les couples « émotionnellement intelligents » sont ceux où chacun connaît l'autre intimement dans ses goûts, ses aspirations, ses rêves, ses projets, ses craintes, ses peurs, son histoire... Cette connaissance n'est jamais définitive ; elle évolue et doit être sans cesse approfondie, même au cœur du quotidien, quand on pense déjà tout connaître de son ou sa partenaire. L'infidélité a démontré que ce n'était pas le cas.

1. C'est ce double objectif que je développe dans *Ensemble mais seuls* : un travail d'amour au sein de la relation doit se coupler à un travail d'amour envers soi. Les deux doivent être menés de front, faute de quoi la reconstruction reste partielle et fragile.

Être honnête l'un envers l'autre

Après l'infidélité, il est essentiel de mettre à distance et de nommer ce qui peut susciter du doute ou de l'insécurité. Par exemple, on peut dire à son conjoint qu'on est troublé ou attiré par quelqu'un, qu'on soit la personne ayant été trompée ou celle qui a été infidèle. Évidemment, il peut sembler étrange de partager de tels sentiments, mais il se trouve que cela aide considérablement à désamorcer le « petit vélo » qui se met en route quand on commence à fantasmer sur quelqu'un d'autre. Certes, être capable d'entendre cela demande une grande maturité de la part de la personne qui a été trompée. Mais si son conjoint se confie à elle avec tant de transparence, il s'agit plus d'une marque de confiance que de la menace d'une nouvelle catastrophe. Il importe malgré tout de définir ensemble les limites qu'on se fixe l'un l'autre dans les amitiés qu'on entretient avec les personnes de sexe opposé. Mieux vaut prévenir que guérir !

Si la personne trompée se sent à nouveau menacée, à tort ou à raison, elle doit pouvoir en parler ouvertement et faire part de ses inquiétudes en toute sécurité à son conjoint. À lui d'être le plus rassurant possible. De même, quand l'un ou l'autre sent « quelque chose dans l'air » – une tristesse, une contrariété, un souci –, il est bon d'aller à la rencontre de l'autre en l'invitant à partager ce qui lui pèse : la fiabilité, c'est aussi donner l'assurance à son ou sa partenaire qu'on est une épaule solide sur laquelle il ou elle peut s'appuyer. Redevenir cette épaule sécurisante l'un pour l'autre est un enjeu essentiel après l'infidélité. Cela demande un effort constant d'attention et de reconnaissance de l'existence de l'autre. L'amour n'en ressortira que plus grand et plus profond.

« Est-ce que je fais réellement tout mon possible pour rendre mon ou ma partenaire heureux(se) et pour permettre à notre relation de s'épanouir ? » Cette question est essentielle. Si la réponse est non, il est important de se demander pourquoi. Quels sont les obstacles à un engagement plein et entier ? Comment aller au-delà des réticences et donner une réelle chance à notre couple ?

S'exprimer sans attendre

Trop de couples sont minés par le silence ou les non-dits. Étouffés pendant des années, les colères et les ressentiments s'accumulent au point de rendre l'air irrespirable. La frustration croît et ce qui n'était initialement qu'une petite gêne dans la relation peut se transformer en une lourde rancœur au fil du temps. Fort de cette prise de conscience, il est indispensable de se faire mutuellement la promesse de nommer le plus rapidement possible toute peine, toute colère ou tout ressentiment découlant de ce que dit ou fait son ou sa partenaire. Nul ne devine que telle parole ou tel comportement a pu blesser si on ne le lui dit pas directement et explicitement. Il ne faut jamais supposer que l'autre devrait comprendre ce qu'on ressent, alors qu'on ne lui dit pas clairement ce qu'on éprouve !

Inviter son conjoint à l'entrée de son jardin secret

Préserver un jardin secret est indispensable au bon équilibre du couple. Néanmoins, il est utile parfois d'en entrouvrir la porte pour que l'autre découvre ce qui s'y cache : il est important de faire part à l'autre de ses rêves, de ses aspirations cachées, des projets qui tiennent à cœur. Il est tout aussi important d'inviter son ou sa partenaire à faire de même et de mettre de l'énergie pour l'aider à réaliser ses projets. Se sentir entendu, respecté et aidé dans ses aspirations les plus profondes est un des plus beaux cadeaux que l'on puisse recevoir de la part de la personne qu'on aime.

« Mon épouse m'a révélé qu'elle rêve depuis des années de voir ses nouvelles publiées ! Elle n'avait jamais osé m'en parler, de peur que je me moque d'elle. Elle n'en avait parlé qu'à son amant ! Dans notre projet de reconstruction, j'ai souhaité l'accompagner dans son rêve, en l'aidant à créer un blog : ses textes sont aujourd'hui régulièrement postés sur son site et elle en tire une énorme satisfaction. »

Il est important de ne pas rester dans la frustration d'un rêve inassouvi ou d'un projet auquel on ne donne aucune chance. Le conjoint peut devenir un allié privilégié, encore faut-il qu'il soit au courant de ce qui nous anime !

Se projeter dans l'avenir

Parler de l'avenir de sa relation, se projeter dans des projets à long terme implique un engagement mutuel où on se rassure l'un l'autre sur son désir de cheminer ensemble. « Il n'y a pas de vents favorables pour celui qui ne connaît pas son port de destination », disait Sénèque. « Quel est notre port de destination ? », « Que souhaitons-nous pour notre relation dans cinq, dix, vingt ans ? » Ces questions méritent d'être posées. Rêver ensemble sa vie n'est pas un vain exercice ; cela fonde une relation durable.

Réapprendre à penser « nous »

Penser « nous » plutôt que « je » dans les décisions importantes de la vie implique que l'on est, l'un et l'autre, conscient des fragilités et des vulnérabilités de l'autre, tout comme de ses forces et de ses atouts. Ces dimensions étant comprises et intégrées au sein du couple, le nous que l'on montre au monde et à autrui en sera d'autant plus fort.

Il en va de même pour les valeurs et principes de vie. Chacun a sa vision du monde mais il est important de se rejoindre autour de valeurs communes qui donnent corps et cohérence à ce que l'on vit ensemble. Cela peut être des valeurs morales, d'éducation, des principes religieux ou spirituels, une vision partagée du sens de l'existence... Tout cela implique nécessairement des discussions de fond et parfois des compromis, mais ces perspectives communes constituent un ciment précieux pour cheminer ensemble à long terme.

Rééquilibrer les pouvoirs

Certaines infidélités surviennent car un des partenaires a besoin de rééquilibrer quelque chose qui est réprimé ou étouffé dans la relation conjugale : par exemple, l'un a un fort pouvoir financier et l'autre se sent sous dépendance. Ce conjoint peut avoir besoin d'affirmer son « pouvoir » ailleurs, dans d'autres bras et dans un autre secteur (celui de la séduction par exemple).

Le « nous » aide à être vigilant dans l'exercice du pouvoir : il doit permettre à chaque partenaire de s'influencer l'un l'autre, sans que cela se fasse systématiquement dans une seule direction. C'est une marque de confiance et de respect qui tient à distance toute velléité de transgression – dont l'infidélité fait partie.

Montrer et nommer explicitement son amour

Le psychologue américain Gary Chapman, auteur du best-seller *Les Cinq Langages de l'amour*, est parti d'un constat simple : chacun parle sa langue, mais si nous voulons communiquer avec quelqu'un issu d'une autre culture, il nous faut apprendre la langue de cette personne : si l'un dit « *Ich liebe dich* », l'autre « *Te quiero* », ni l'un ni l'autre ne se comprendront et aucun ne se sentira aimé. Gary Chapman a identifié cinq langages pour exprimer l'amour à ceux que nous aimons. On peut dire son amour :

1. En comblant l'autre de petits cadeaux, façon de lui dire qu'il ou elle est présent dans nos pensées ;

2. En accomplissant différentes choses pour l'autre, afin de lui faire plaisir et de lui simplifier la vie (faire le ménage ou le jardin, descendre les poubelles, etc.) ;

3. En le formulant pour mettre l'autre en valeur, souligner ce qu'on apprécie chez lui (elle), y compris pour des choses habituelles du quotidien : « Tu es très important dans ma vie », « Tu es magnifique dans cette tenue », « Je suis fière de toi »... C'est une manière simple de remercier l'autre pour les efforts qu'il (elle) accomplit, si minimes soient-ils ;

4. En passant des moments de qualité ensemble, même courts, fondés sur une attention sans partage. C'est, par exemple, venir déjeuner avec l'autre près de son bureau ou prendre une demi-heure le soir pour échanger sur la journée qui s'est écoulée. Ce sont aussi des moments paisibles où on jardine ou bricole ensemble. Là encore, il y a des gens qui ne se sentent aimés que s'ils vivent de tels moments avec leur compagnon ou leur compagne, d'autant plus riches qu'ils sont l'occasion de parler, d'échanger des idées, d'élaborer des projets ensemble, de suivre l'évolution de chacun et de mieux se comprendre ;

5. En touchant l'autre : le toucher n'est pas que sexuel, loin de là, il comprend tous les gestes d'affection au quotidien, comme se tenir la main, enlacer l'autre, caresser sa nuque... Il y a des gens qui ne comprennent qu'ils sont aimés que s'ils sont touchés.

Pour mettre en œuvre ces cinq langages, plusieurs étapes sont nécessaires : il faut d'abord savoir comment on exprime de préférence son amour à l'autre et comment on sent qu'on est aimé de l'autre. Puis on signifie clairement à son ou sa partenaire que c'est par ce langage spécifique qu'on va se sentir aimé. Parallèlement, on doit identifier le langage amoureux que son compagnon ou sa compagne comprend le mieux et apprendre à communiquer les messages d'amour en utilisant ce canal. Cela semble simple, mais cette manière de communiquer fonctionne remarquablement !

Prendre soin de soi

L'infidélité est une occasion extraordinaire de faire le point sur soi. Le couple que l'on tente de reconstruire sera d'autant plus fort que chaque membre apprend à prendre soin de lui, individuellement. On ne fait plus attention à soi après la naissance d'un enfant et on garde les vingt kilos qu'on a pris, on réduit ses centres d'intérêt une fois marié et on devient profondément ennuyeux… On ne fait plus d'efforts et on pense que le désir et l'amour pourront survivre à un tel abandon… Quelle erreur ! On a peut-être vécu de façon fusionnelle, en oubliant que la fusion appauvrit plutôt qu'elle n'enrichit, même si elle est très exaltante au début de la relation amoureuse.

Comme l'écrit Khalil Gibran dans *Le Prophète* : « Aimez-vous l'un l'autre, mais ne faites pas de l'amour une entrave. Emplissez chacun la coupe de l'autre, mais ne buvez pas à une seule coupe. Partagez votre pain, mais ne mangez pas de la même miche. Chantez et dansez ensemble et soyez joyeux, mais demeurez chacun seul. Et tenez-vous ensemble, mais pas trop proches non plus : car les piliers du temple s'érigent à distance et le chêne et le cyprès ne croissent pas dans l'ombre l'un de l'autre. »

Dans la fusion des premiers temps de l'amour, on a oublié de se donner l'un l'autre un peu d'espace pour grandir chacun de son côté, tout en vivant ensemble. De même, on a peut-être sacrifié ses propres besoins pour ne répondre qu'à ceux de son conjoint, se mettant sans cesse en seconde position. On n'a peut-être pas fait assez de place à ses propres rêves, désirs, aspirations, en ne raisonnant qu'exclusivement en termes de couple.

Si tel est le cas, l'infidélité est un coup de semonce, certes un peu brutal, mais potentiellement très bénéfique. De toute façon, quelles que soient les évolutions ultérieures, on gagnera toujours à faire le point sur soi-même et à réformer, en soi, ce qui a besoin de l'être : que la relation conjugale se poursuive ou s'interrompe, il y a la promesse d'un nouveau départ – encore faut-il en saisir l'opportunité.

L'infidélité montre que le couple n'a plus été perçu comme assez nourrissant pour les deux partenaires. Il a manifestement échoué à créer cet espace de sécurité et d'émulation dont chaque être humain a besoin pour donner du sens à son existence. Pourrait-il en être autrement aujourd'hui ? Le couple qu'on s'efforce de reconstruire après le tsunami ne pourrait-il pas devenir un authentique lieu de progrès, un lieu contenant qui serait assez vaste pour accueillir et promouvoir le développement de chacun, tout en garantissant une unité et une assise communes ? Pourrait-il devenir le réceptacle de l'évolution et du déploiement de chaque partenaire, dans un soutien mutuel pour l'accomplissement de ses propres rêves, projets et aspirations ? Il y aurait alors tant à découvrir dans un tel espace, tant de liberté, tant de promesses à tenir vis-à-vis de soi-même et vis-à-vis d'autrui qu'il n'y aurait plus la moindre place pour le désir d'aller voir ailleurs…

Est-ce une utopie après tout ce qui a été vécu ? Certainement pas ! Le couple qui est parvenu à dépasser l'infidélité est devenu plus mûr et plus lucide pour permettre cette nouvelle étape de son évolution. Chacun sait désormais combien ce bonheur est fragile – donc combien il est précieux.

Avec sagesse et conscience, tout reste à réinventer, tout reste précaire, mais c'est cette vulnérabilité qui permettra un nouveau départ…

Conclusion

Tomber amoureux est si facile. Aimer l'est beaucoup moins.

Nous ne sommes pas préparés à aimer. Nous ignorons tout de ce qui est nécessaire pour préserver le fragile lien d'amour. Cette connaissance ne nous vient que par bribes, au gré des événements heureux – ou moins heureux – qui émaillent notre vie de couple. Notre naïveté initiale évolue et se transforme, nous permettant, dans le meilleur des cas, de cheminer ensemble avec plus de clarté et de maturité...

Car parfois les chemins de ceux qui s'aiment se séparent, alors même qu'ils partagent la même vie et le même lit... Imperceptiblement, ils s'éloignent, oublient le lien qui les unit, perdent le souci de l'autre, par habitude ou par négligence. L'un découvre alors dans d'autres bras, dans d'autres yeux, ce qu'il avait autrefois espéré trouver dans son couple : mais n'y trouvant plus rien, il y renonce – pas complètement pourtant, car il est toujours là, partageant le quotidien avec son (sa) partenaire qu'il a choisi(e) de tromper... mais son cœur bat désormais ailleurs.

Un jour, l'autre découvre cet amour secret et le tourment s'installe entre eux pour des semaines, des mois ou des années...

Puis, après la douleur, la colère et le désarroi vient le temps d'une décision – une de ces décisions qui peuvent changer le cours d'une existence.

On se sépare ?

On reste ensemble ?

Est-ce que tu m'aimes encore ?

Blessés, meurtris, ambivalents, indécis, tristes, méfiants, désillusionnés, certains choisissent de poursuivre leur route ensemble, espérant un jour se retrouver. Certes, il n'y a rien d'exaltant dans cette décision, rien de pétillant dans ces retrouvailles, rien de « sexy »... Justement : c'est au-delà de l'exaltant, du pétillant et du sexy que l'on peut se reconstruire, sans pour autant abandonner ces composantes essentielles de la relation d'amour. On les amène simplement à un autre niveau.

Dans la démarche de reconstruction, jour après jour, on commence à comprendre la puissance de l'engagement renouvelé, la force de la parole donnée à nouveau. On perçoit avec acuité ce qu'on était à deux doigts de perdre, comprenant qu'une partie de soi aussi aurait été perdue. On reste lucide sur ce qui frustre ou ne rend pas heureux, mais la confusion et la peine des temps qui viennent de s'écouler ont aidé à changer de perspective sur ces choses qu'on croyait fixées à tout jamais, désespérément immuables.

Ainsi, il est temps pour vous de vous reconstruire après l'infidélité ; il est temps de reconquérir, d'explorer, de grandir, d'apprendre à être libre.

Tout est donc entre vos mains. Oui : il est parfois sage de partir et si cela s'impose à vous, assumez ce choix avec détermination.

Mais parfois, il est sage de rester.

Dans ce cas, qui sait alors ce que vous découvrirez de votre compagnon ou de votre compagne ? Qui sait alors ce que vous découvrirez de vous-même ?

Qui sait ? Votre histoire d'amour ne fait peut-être que commencer...

Bibliographie

Bajos N. et Bozon M., *Enquête sur la sexualité en France*, La Découverte, 2008.

Chapman G., *Les Cinq Langages de l'amour*, Leduc, 2008.

Costa-Prades B. et Malarewicz J.A., *Réussir son nouveau couple*, Hachette pratique, 2009.

Gibran K., *Le Prophète*, Le Livre de poche, 1996.

Gottman J. et Silver N., *Les couples heureux ont leurs secrets*, JC Lattès, 2000.

Héril A., *Journal d'un sexologue*, Le Courrier du livre, 2003.

Le Van C., *Les Quatre Visages de l'infidélité en France*, Payot, 2010.

Lusterman D.-D., *Infidélité, et après ?, Trouver sa réponse sans se détruire ou tout détruire*, InterÉditions, 2002.

Malarewicz J.A., *Le couple : quatorze définitions décourageantes donc très utiles*, Robert Laffont, 1999.

Marshall A., *Je t'aime mais je ne suis plus amoureux*, Marabout, 2011.

Naouri A., *Adultères*, Odile Jacob, 2007.

Neuburger R., *Nouveaux couples*, Odile Jacob, 1997 ; *On arrête ? On continue ?*, Payot, 2004.

Pasini W., *Le Couple amoureux*, Odile Jacob, 2008 ; *Les Amours infidèles*, Odile Jacob, 2010.

Rosenberg M., *Les mots sont des fenêtres (ou bien ce sont des murs), Introduction à la communication non violente*, La Découverte, 2004.

Saint-Hubert S.-A. de, *Le Cosmos en soi*, Le Rocher, 2002.

Salomon P., *Bienheureuse infidélité*, Le Livre de poche, 2005.

Simpère F., *Guide des amours plurielles*, Pocket, 2009.

Solomon Steven D. et Teagno Lorie J., *Reconstruire son couple après l'infidélité, c'est possible*, Béliveau, 2011.

Teillac M., *Pour un couple durable*, Solar, 2009.

Vaillant M., *Les hommes, l'amour et la fidélité*, Albin Michel, 2009 ; *La Répétition amoureuse*, Albin Michel, 2012.

Ouvrages en anglais

Abrahms Spring J. et Spring M., *After the Affair*, Harper, 2012 ; *How Can I Forgive You ?*, Harper, 2012.

Bercht A., *My Husband's Affair*, Trafford, 2006.

Glass S.P., *Not Just Friends*, Free Press, 2004.

Harley W., *Surviving an Affair*, Revell, 1998.

Heyn D., *Marriage Shock : The Transformation of Women into Wives*, 1999.

Kirshenbaum M., *When Good People Have Affairs*, Saint Martin's Griffin, 2009.

Lusterman D.-D., *Infidelity, A Survival Guide*, New Harbinger Publications, 1998.

Ortman D., *Transcending Post-Infidelity Stress Disorder*, Celestial Arts, 2009.

Subotnik R., *Surviving Infidelity*, Adams Media, 2005.

Table

Du même auteur dans la même collection

Vivre ensemble la maladie d'un proche
Albin Michel, 2002

Le Couple brisé
Albin Michel, 2002

Après le suicide d'un proche
Albin Michel, 2007

Ensemble mais seuls – Apprivoiser le sentiment de solitude dans le couple
Albin Michel, 2009

Maintenant ou jamais – La transition du milieu de la vie
Albin Michel, 2011

Vivre le deuil au jour le jour
Albin Michel, nouvelle édition 2012

www.christophefaure.com
www.traverserledeuil.com

Dans la même collection

Nadine Bauthéac, *Hommes et femmes face au deuil*

Claudine Badey-Rodriguez, *La vie en maison de retraite*

Anne Belot et Joëlle Chabert, *Vivre le grand âge de nos parents*

Pascale Chapaux-Morelli et Pascal Couderc, *La manipulation affective dans le couple. Faire face à un pervers narcissique*

Dr Clarisse Fondacci, *Le diagnostic anténatal, et ce qu'on peut en attendre*

Micheline Garel et Hélène Legrand, *L'attente et la perte du bébé à naître*

Marcela Gargiulo et Martine Salvador, *Vivre avec une maladie génétique*

Catherine Garnier-Petit, *Mal de mère, mal d'enfant. Angoisse et bonheur dans la maturité*

Corine Goldberger, *Quand la mort sépare un jeune couple. Le veuvage précoce*

Catherine Grangeard, *Comprendre l'obésité. Une question de personne, un problème de société*

Philippe Hofman, *Une nouvelle vie pour les seniors. Psychologie de la retraite*

Dr Miguel Jean et Line Petit, *Le couple face à l'infertilité*

Ginette Lespine et Isabelle Gravillon, *Hériter sans se déchirer. Les enjeux affectifs de la transmission*

Dr François Marchand et Françoise du Sorbier, *Des nuits sans insomnie. Pour en finir avec les troubles du sommeil*

Dr Christophe Massin et Dr Isabelle Sauvegrain, *Réussir sans se détruire. Des solutions au stress du travail*

Isabelle Méténier, *Crise au travail et souffrance personnelle*

Élise Ricadat et Lydia Taïeb, *Après le cancer. Un féminin à reconstruire*

Composition IGS-CP
Impression CPI Bussière en janvier 2013
à Saint-Amand-Montrond (Cher)
Éditions Albin Michel
22, rue Huyghens, 75014 Paris
www.albin-michel.fr
ISBN : 978-2-226-24562-5
N° d'édition : 20189/01. – N° d'impression : 124616/4.
Dépôt légal : février 2013.
Imprimé en France.